Knaur

Originalausgabe Dezember 1996
© 1996 Droemersche Verlagsanstalt Th. Knaur Nachf.,
München

Dieser Band enthält eine Auswahl der besten Witze aus den
Bänden »Die 300 besten Ärzte-Witze« (Bd. 2768), »Die 300 be-
sten Beamten-Witze« (Bd. 2770), »Die 300 besten Ehe-Witze«
(Bd. 2772) und »Die 300 besten Autofahrer-Witze« (Bd. 2783).

Umschlagillustration: Dietmar Grosse, München
Satz: Ventura Publisher im Verlag
Reproduktion: Repro Knopp, Inning
Druck und Bindung: Ebner, Ulm
Printed in Germany
ISBN 3-426-73056-1

E. Gambsch (Hrsg.)

Die 1000 besten Witze der Welt

Mit Illustrationen von Dietmar Grosse

Knaur

Von E. Gambsch sind außerdem erschienen:

Die 300 besten Schüler-Witze (Band 2796)
Die 300 besten Politiker-Witze (Band 73040)
Die 300 besten Schlafzimmer-Witze (Band 73041)
Die 300 besten Professoren-Witze (Band 73042)
Die 300 besten Berliner-Witze (Band 73043)
Die 300 besten Lehrer-Witze (Band 73044)
Die 300 besten Fußballer-Witze (Band 73045)
Die 200 besten Olympia-Witze (Band 73052)
Die 300 besten Kinder-Witze (Band 73062)
Die 300 besten Männer-Witze (Band 73063)
Die 300 besten Bett-Witze (Band 73064)
Die 300 besten Kalauer (Band 73065)
Die 300 besten Hochzeits-Witze (Band 73066)
Die 300 besten Kneipen-Witze (Band 73074)

Inhalt

**»Vor allem
muß ein Stärkungsmittel her.«**

oder

Die Freuden und Leiden der Ehe

»Was wünscht sich deine Frau denn zum Geburtstag?«
»Eine Perlenkette oder ein Auto.«
»Und was wirst du ihr schenken?«
»Perlen. Falsche Autos gibt es ja nicht.«

*

Eine Dame winkt ein Taxi heran.
»Hallo, sind Sie frei?« fragt sie den Fahrer.
»Jawohl, meine Dame«, antwortet der.
»Wie schön. Dann fahren Sie mich bitte so schnell wie mög-
lich zum Standesamt.«
Der Taxifahrer wird kreidebleich. »Nein, nein, Verehrteste,
so frei bin ich nun auch wieder nicht!«

*

Als der Bräutigam am Morgen nach der Hochzeitsnacht
aufwacht, sitzt die Braut schon vor einem Bogen Papier
und schreibt.
Sie blickt auf, sieht, daß er wach ist, und fragt: »Liebling,
wie schreibt man eigentlich ›Fiasko‹?«
»Wieso willst du denn das wissen?«
»Ach, ich schreibe gerade an Mutter …«

*

Ein Mann kommt vom Arzt und berichtet zu Hause seiner
Frau: »Der Doktor hat mir einen Erholungsurlaub ver-
schrieben.«
»Soso«, sagt seine Frau, »mußtest du ihm auch deine Zunge
zeigen?«
»Nein, es hat genügt, daß ich ihm von deiner erzählt habe!«

Mosler stellt sich im Urlaub auf eine automatische Waage, dann liest er seiner Frau das Horoskop vor, das auf der Rückseite der Karte steht.

»Sie sind ein großzügiger Mensch, stets charmant, überragend intelligent, besitzen ein heiteres Naturell, und das Glück wird immer auf Ihrer Seite sein.«

»Interessant«, meint seine Frau. »Jetzt bin ich nur gespannt, ob wenigstens das Gewicht stimmt.«

Es sagte die Ehefrau:

»Und du willst mir weismachen, du kommst so spät, weil die Bremsen nicht funktionieren! Da hättest du ja noch schneller zu Hause sein müssen!«

Hansmann wacht im Krankenhaus auf. »Was ist passiert?« flüstert er.

»Du hast gegen drei Uhr nachts das Fenster aufgemacht, um mir zu zeigen, wie die Vögelein im Frühling fliegen«, erklärt ihm seine Frau, die an seinem Bett sitzt.

»Warum hast du mich denn nicht zurückgehalten?«

»Ich dachte, du könntest es!«

*

»Jeden Tag Gulasch!« brummte der junge Ehemann verdrossen. »Kannst du nicht mal was anderes kochen?«

»Ich habe es schon versucht«, antwortet sie etwas hilflos, »aber es wird immer wieder Gulasch!«

Heberling steht neben dem Hausarzt am Krankenbett seiner Frau.

»Es scheint eine Grippe zu werden«, murmelt der Arzt. »Zeigen Sie mir noch mal Ihre Zunge.« Er betrachtet sie eingehend, verabschiedet sich und sagt draußen: »Vor allem muß ein Stärkungsmittel her.«

»Um Himmels willen, Herr Doktor«, ruft Heberling entsetzt, »aber doch nicht für ihre Zunge!«

*

Er kommt von einem ausgedehnten Herrenabend nach Hause und findet den Lichtschalter nicht.

»Schatz«, sagt er kläglich, »nun fang doch endlich an zu schimpfen, sonst weiß ich nicht, wo das Bett steht!«

*

Carola ist in den heiligen Stand der Ehe getreten. Nach der Trauung gesteht sie ihrem Mann: »Liebling, ich muß dir etwas beichten, und ich hoffe, du verzeihst mir. Ich bin nämlich Nymphomanin!«

Darauf er weltmännisch: »Aber Liebes, natürlich verzeihe ich dir alles, sogar wenn du eine Kriminelle wärest – Hauptsache ist, daß du mir treu bist …«

*

Der Ehemann ist empört. »Bei diesem Sauwetter soll ich einkaufen gehen? Da schickt man ja keinen Hund auf die Straße!«

Erwidert seine Frau ungerührt: »Ich habe ja auch nicht gesagt, daß du den Hund mitnehmen sollst!«

Nach drei Jahren Ehe ist das Fernsehgerät kaputt.
»Mach Licht«, sagt er und greift nach einem Buch.
Darauf sie ganz erstaunt: »Was, du kannst lesen?«

Es meinte die Ehefrau:

»Bitte sagen Sie mir die volle Wahrheit über meinen Mann, Herr Doktor. An was leidet er?«
»Nun – rundheraus gesagt, Ihr Mann hat den Säuferwahn.«
»Irrtum, Herr Doktor, das ist kein Wahn – er säuft wirklich!«

Um drei Uhr morgens klingelt beim Chirurgen das Telefon. Eine empörte Frauenstimme verkündet: »Mein Mann hat mich fürchterlich beleidigt!«
»Und deswegen müssen Sie mich jetzt wecken?«
»Ja, Herr Doktor, Sie werden ihn wohl ein bißchen nähen müssen …«

*

Lola erzählt vor der Hochzeitsnacht ihrem jungen Ehemann alles, was sie vorher angestellt hat, nennt die Namen und Qualitäten der Liebhaber. Zum Schluß fragte sie weinend: »Bist du mir jetzt böse, Liebling?«
»Aber woher denn«, meint er großzügig, »ich erwarte allerdings von dir, daß du dich jetzt deines schlechten Rufes würdig erweist!«

Im Büro wird wieder einmal getratscht.
»Was ist denn mit dem Kollegen Nottebohm los? Der läuft ja rum, als ob er im Lotto gewonnen hätte!«
»Einen schweren Autounfall hat er gehabt.«
»Das kann doch nicht der Grund sein.«
»Doch. Infolge einer Gehirnerschütterung hat er sein Gedächtnis verloren und weiß nicht mehr, daß er verheiratet ist.«

*

Die Ehefrau schaut von ihrer Zeitung auf und sagt: »Hier steht, daß in manchen Gegenden Indiens die Männer ihre Frauen erst nach der Eheschließung kennenlernen.«
Knurrt ihr Mann: »Wie kommen die gerade auf Indien?«

*

Ein jungverheiratetes Paar fährt durch den Wald.
Plötzlich bricht sie in Tränen aus und schluchzt: »Du liebst mich nicht mehr!«
Ihr Mann wundert sich und fragt, wie sie denn darauf käme.
Antwortet sie: »Als wir noch verlobt waren, hattest du hier immer eine Panne.«

*

Am Morgen nach der Hochzeitsnacht bittet die junge Frau um ein Glas Wasser. Eilfertig springt der junge Ehemann aus dem Bett und bringt ihr das Gewünschte.
»Liebling, ist dir nicht gut?« fragt er.
»Doch«, erwidert sie, »ich wollte nur mal sehen, ob ich noch dicht bin!«

Nach einem Unfall wacht Daxberger im Krankenhaus auf.
»Wo bin ich?« flüstert er. »Im Himmel?«
»Nein«, erwidert seine Frau, »ich bin immer noch bei dir.«

Es sagte die Ehefrau:

»Ich bin total erschöpft, seit mein Mann krank ist.
Ich komme kaum noch aus seinem Zimmer.«
Der Arzt verwundert: »Aber ich hab' Ihnen doch eine
junge Pflegerin geschickt!«
»Das ist es ja!«

Fünf Stunden ist das Ehepaar schwitzend in den Bergen
herumgeklettert; endlich, nach vielen Strapazen, ist man auf
dem Gipfel.
Schwärmt er: »Sieh nur, wie herrlich das Tal da unten liegt
und das reizende Dörfchen – und wie lieblich sich der Fluß
zwischen Wäldern und Wiesen windet.«
Da unterbricht seine Frau ihn wütend: »Nun möchte ich
bloß wissen, warum du mich stundenlang hier heraufkra-
xeln läßt, wenn es da unten so wundervoll ist!«

*

»Zehn zu eins wette ich, daß sie noch Jungfrau ist«, flüstert
der Bräutigam dem Trauzeugen kurz vor der Trauung zu.
Die Braut hat mitgehört und hält ihm vor: »Noch nicht mal
verheiratet, und schon wirfst du das Geld zum Fenster hinaus.«

»Bitte, Herr Doktor«, jammert der Anrufer mitten in der Nacht am Telefon, »kommen Sie sofort! Meine Frau hat schreckliche Schmerzen auf der rechten Seite, ich glaube, es ist ein Blinddarmdurchbruch.«

»Blödsinn«, schimpft der im Schlaf gestörte Arzt, der in dem Anrufer den Mann einer früheren Patientin erkennt. »Ich habe doch erst vor drei Jahren Ihrer Frau den Blinddarm rausgenommen. Kein Mensch hat einen zweiten Blinddarm!«

»Aber eine zweite Frau, Herr Doktor.«

*

Eisige Stimmung daheim. Sie faucht: »Du kannst mir erzählen, was du willst. Das geht mir zum rechten Ohr rein und zum linken wieder raus!«

»Ja, ja, und es gibt nichts dazwischen«, seufzt er, »das es aufhalten könnte.«

Es sagte der Chefarzt:

»Ich verspreche Ihnen, wenn Ihre Gattin die Klinik verläßt, werden Sie eine ganz andere Frau haben.«
Der Ehemann unsicher: »Da haben Sie recht. Aber woher wissen Sie das?«

Ein Ehepaar geht spazieren. Plötzlich sagt der Mann zu seiner jungen Frau: »Schnell, mach ein glückliches Gesicht, da vorn an der Ecke steht meine erste Frau!«

Bachhubers Frau ist in seinem Wagen verunglückt. Der Wagen ist gegen einen Baum gefahren, und Frau Bachhuber war sofort tot.

»Wollen Sie den Unglückswagen nicht verkaufen?« wird Bachhuber gefragt.

»Nein«, sagt der Witwer, »den Wagen behalte ich. Vielleicht heirate ich ja wieder.«

*

Ein Jahr sind sie jetzt verheiratet.

»Ach, weißt du«, sagt sie ganz glücklich, »die Liebe ist doch etwas Wunderbares.«

»Ja, ja«, meint er friedlich, »aber mit dir ist es auch ganz nett!«

*

Möllners verabschieden sich auf einer Party vom Gastgeber.

»Warum wollen Sie denn schon gehen?« fragt dieser ganz erstaunt.

»Ach, wissen Sie«, meint Herr Möllner mit einem Seitenblick auf seine Frau, »wir haben noch einen langen Streit vor uns.«

*

Die Hochzeitsnacht ist vorüber, und die junge Ehefrau sagt beim Frühstück ganz glücklich: »Liebling, es ist herrlich, wenn man verheiratet ist.«

Brummt er: »Es ist immer herrlich, ob man nun verheiratet ist oder nicht.«

Ganz jung sind sie beide nicht mehr. Als sie das Standesamt verlassen, bleibt er stehen, sieht sie prüfend an – schüttelt den Kopf.

»Was hast du denn?« fragt sie unwillig. »Ist irgend etwas?«

»Laß nur«, murmelt er und zieht sie mit sich fort. »Jetzt ist es ja sowieso zu spät …!«

*

Ruft der Ehemann: »Liebling, wer war denn da an der Tür?«

»Ach, das war ein armer, alter Bettler. Ich habe ihm einen Teller Suppe und fünf Mark gegeben«, sagt die junge Frau.

»Und, hat er die Suppe gegessen?« fragt der Ehemann sehr interessiert.

»Natürlich.«

»Na, dann hat er sich die fünf Mark ja redlich verdient!«

*

Immer wieder fährt Landthaler um den Häuserblock, aber er findet keinen Parkplatz.

»Das sieht dir mal wieder ähnlich«, stellt seine Frau verbittert fest, »alle anderen haben einen Platz gefunden, nur du nicht!«

*

Ein Beamter bittet um drei Tage Urlaub. Er will heiraten. Als er nach den drei Tagen ziemlich erschöpft und nervös im Büro erscheint, klopft ihm der Regierungsrat auf die Schulter und sagt: »Ja, ja, mein Lieber, die Ehe ist kein Schreibtisch, da heißt es arbeiten!«

Nach dem Hochzeitsfest begibt sich das junge Paar zum Hotelzimmer. Nervös fummelt der Mann mit dem Schlüssel herum und versucht fünf Minuten lang, ihn ins Schlüsselloch zu bekommen.

»Na«, seufzt die junge Frau, »das fängt ja gut an!«

Es fragte die Bridgepartnerin:

»Wie haben Sie eigentlich Ihren Mann kennengelernt?«

»Ach, das war so. Ich überquerte mit meinem ersten Mann gerade die Straße, da kam mein zweiter Mann in seinem Auto und überfuhr ihn. So begann unsere Liebe.«

»Schluß!« brüllt Abelein seine Frau an. »Ich haue ab! Lieber fische ich im Eismeer oder jage im Dschungel, bevor ich noch einen Tag mit dir zusammenbleibe.«

Er reißt die Tür auf und macht auf dem Absatz kehrt.

»Da hast du noch mal Schwein gehabt! Es regnet.«

*

Zwei Ehemänner treffen sich.

»Was machst du am Sonntag? Hast du schon was vor?« will der eine wissen.

»Ich lasse Drachen steigen, und du?«

Meint der erste nachdenklich: »Ich könnte eigentlich auch mal wieder mit meiner Frau eine Bergwanderung machen.«

Der Vater tröstet seinen jungverheirateten Sohn. »Alle jungverheirateten Ehepaare streiten. Auch deine Mutter und ich hatten zwei, drei ernste Streitigkeiten, bevor wir darauf kamen, daß ich grundsätzlich im Irrtum bin.«

*

»Herbert«, sagt die Ehefrau vorwurfsvoll, »eine innere Stimme sagt mir, daß du zuviel trinkst.«
»Was«, stöhnt ihr Mann, »eine innere Stimme hast du auch noch?«

*

Heumann klopft seinem Freund auf die Schulter und meint gutmütig spottend: »Na, wie fühlt man sich denn so als junger Ehemann?«
Der andere seufzt. »Immer jünger. Jetzt rauche ich schon wieder heimlich auf der Toilette.«

Es sagte die Ehefrau:

»Mein Mann hat nie Launen. Er hat immer die gleiche miese Stimmung!«

Dicke Luft bei Lehmanns.
»Du bist ja schon wieder betrunken!« schimpft sie.
»Sei bloß still«, antwortet er lallend, »es ist schon Strafe genug, daß ich dich doppelt sehe!«

Die Kollegen sind nicht einer Meinung. »Ich weiß nicht, was du willst«, sagt der eine. »Deine Frau ist doch wirklich ein Juwel!«

Knurrt der andere: »Sicher, ich trage sie ja auch mit Fassung!«

Es freute sich die Ehefrau:

»Also, mein Mann und ich haben uns während unserer Ehe kein einziges Mal gestritten. Ich hoffe, die zweite Woche wird genauso gut!«

Auf dem Bridgeturnier geht es hoch her. Ein Spieler begeht einen eklatanten Fehler, es gibt Krach. Wütend wirft der Mann seine Karten hin und verläßt demonstrativ den Raum.

Fragt einer der Zurückbleibenden die einzige mitspielende Dame: »Ist das Ihr Gatte?«

Faucht sie: »Natürlich. Oder glauben Sie, ich hätte mit so einem Trottel ein Verhältnis?«

*

Elvira macht einen Besuch in der Strafanstalt.

»Wie kommst du denn finanziell zurecht?« fragt ihr Mann besorgt.

»Ach, ganz prima«, tröstet sie ihn. »Mit der Belohnung, die für deine Ergreifung ausgesetzt war, kann ich noch mindestens vier Jahre sorgenfrei leben …«

Wieder einmal Ehekrach.
»Unsere ganze Beziehung«, wütet sie, »war von Anfang an nichts als ein einziger Irrtum!«
Endlich einmal ist er ihrer Meinung. »Wem sagst du das! Eigentlich hatte ich damals nämlich einem Taxi gepfiffen.«

*

Das Haus brennt lichterloh. Das Ehepaar kann sich gerade noch in letzter Minute retten.
Draußen strahlt sie ihn an. »Ich bin ja so glücklich, Hans-Peter – das ist seit zwölf Jahren das erste Mal, daß wir zusammen ausgehen!«

*

Der Ehemann sitzt zerknirscht am Frühstückstisch.
»Liebling, bitte sei nicht mehr böse, daß ich gestern betrunken und mit einem blauen Auge nach Hause gekommen bin«, sagt er.
Sie sieht ihn nachdenklich an. »Ist ja schon gut. Übrigens hattest du noch kein blaues Auge, als du nach Hause kamst.«

*

»Was hat denn Frau Giese ihrem Mann zum Geburtstag geschenkt?«
»Ein silbernes Zigarettenetui mit ihrem Bild auf der Innenseite.«
»Oh, da wird er sich wohl sehr gefreut haben?«
»Ich weiß nicht recht – er hat sich danach das Rauchen abgewöhnt!«

Umhauser ist zwar nur einssiebzig groß, aber er hat sich trotzdem als Rausschmeißer in einer Hafenkneipe beworben.

Der Wirt winkt ab. »Tut mir leid, aber ich brauche jemanden, bei dessen Anblick die Betrunkenen erstarren vor Schreck, jemanden mit Durchsetzungsvermögen und viel Kraft …«

Bedauernd meint Umhauser: »Also, da kann ich Ihnen nur eines raten: Engagieren Sie meine Frau!«

*

Die Ehefrau sitzt tränenüberströmt zu Hause.

»Mein Mann hat mich verlassen.«

»Der kommt bestimmt zurück.«

»Diesmal nicht«, schluchzt sie, »er hat seinen Computer mitgenommen.«

*

»Erinnerst du dich noch, Hans-Dietrich? Als wir uns kennenlernten, war gerade ein Gewitter. Es hat schrecklich gedonnert und geblitzt.«

»Ja, und ich Esel habe diese Warnung der Natur damals leider nicht verstanden.«

*

Meinungsumfrage zum Thema Ehe. Die Interviewerin befragt die Ehefrau.

»Hatten Sie jemals Streit mit Ihrem Mann?«

»Nein, nie!« erklärt die Ehefrau. »Mein Mann ist immer meiner Meinung.«

Die Ehefrau fragt ihren Mann nach dem Unterschied zwischen direkten und indirekten Steuern.

Der Ehemann denkt einen Augenblick nach, wie er es ihr erklären soll, dann sagt er: »Also, paß auf. Das ist genau das gleiche wie bei uns. Das, was ich dir am Monatsanfang gebe, sind direkte Steuern, was du während des Monats aus meinen Taschen nimmst, sind indirekte …«

*

Waiblinger ist ganz erschüttert, welcher Schicksalsschlag seinen Kollegen getroffen hat.

»Ich höre, Ihre Frau hat sich das Genick gebrochen, als sie neulich die Kellertreppe hinunterfiel.«

»Ja«, bestätigt der Kollege, »ich kochte gerade Nudeln, und sie wollte das Gulasch aus der Tiefkühltruhe holen.«

»Das ist ja schrecklich!« sagt Waiblinger mitfühlend. »Was haben Sie denn dann gemacht?«

Der Kollege zuckt mit den Schultern. »Spiegeleier.«

*

»Was soll nur werden, wenn ich nicht mehr da bin?« röchelt der schwerkranke Firmeninhaber seiner Frau ins Ohr.

Die tätschelt ihm beruhigend die Fieberwange. »Jetzt stirb du erst einmal – und dann sehen wir schon weiter.«

*

»Ich habe die Villa behalten«, berichtet die Junggeschiedene, »er die Jacht, das Auto und den Hund.«

»Und euer Geld?«

»Teilen sich die Anwälte.«

Ein Ehepaar, das sich auf einer Party seit Beginn des Abends nicht mehr gesehen hat, steht sich plötzlich wieder gegenüber.

»Mein Gott, wie dich sechs Whisky verändert haben!« stellt sie giftig fest.

»Ich habe keine sechs Whisky getrunken«, verteidigt er sich.

»Aber ich.«

Es fragte der Ehemann:

»Haben Sie schon meine reizende Frau gesehen?«
»Wieso – haben Sie zwei?«

Die Ehefrau liest ihrem Mann aus der Zeitung vor.

»Stell dir vor, der Heiratsvermittler, durch den wir uns kennengelernt haben, ist gestern ermordet worden.«

»Na und?« sagt der Ehemann ungerührt. »Ich habe ein Alibi!«

*

Die Ehefrau des Beamten reagiert ziemlich gereizt, als ihr Mann endlich nach Hause kommt.

»Warum kommst du denn heute erst so spät aus dem Büro heim? Du weißt doch, daß wir Besuch bekommen.«

Ihr Mann meint entschuldigend: »Die Kollegen haben sich einen dummen Scherz mit mir erlaubt. Sie haben mich nicht geweckt!«

Bachhuber liegt im Sterben, und im letzten Augenblick trifft der Notar ein. Bachhuber diktiert mit schwacher Stimme sein Testament, wird aber immer wieder von seiner Ehefrau unterbrochen.

Schließlich schlägt er wütend auf die Bettdecke und grollt: »Verdammt! Wer stirbt eigentlich – du oder ich?«

*

Sie wollen ihren siebenjährigen Hochzeitstag feiern. Die Ehefrau stellt die Gästeliste zusammen.

»Hör mal, Oswald. Ich habe meinen früheren Verlobten eingeladen. Hast du was dagegen?«

»Ach wo«, knurrt er. »Ich sehe gern glückliche Gesichter um mich.«

Es seufzte der Beamte:

»Weißt du, die Ehe ist doch nichts für mich. Da denkst du, du machst es ihr schön, so mit Vorspiel und allem Pipapo und Nachspiel und so, und denkst, sie ist zufrieden – Pustekuchen, nach vier Wochen kommt sie schon wieder!«

Schluchzend fragt Frau Grasmück ihren Mann: »Hubert, hast du eigentlich vergessen, daß ich dich heute vor fünfundzwanzig Jahren geheiratet habe?«

Er sieht sie böse an. »Nein, zum Teufel, vergessen kann ich das nicht, aber ich habe dir mittlerweile verziehen!«

Der Ehemann kommt in die Apotheke und sagt zum Apotheker: »Ich hätte gern fünf Gramm Arsen.«
»Haben Sie denn ein Rezept?« will der Apotheker wissen.
Der Mann bedauert und meint gelassen: »Nein – aber ein Foto von meiner Frau.«

Es fragte der Reporter:

»Fünfzig Jahre sind Sie jetzt mit Ihrer Frau verheiratet. Haben Sie denn in dieser langen Zeit niemals an Scheidung gedacht?«
»An Scheidung eigentlich nie – aber an Mord!«

Obwohl vom Eheglück nichts übriggeblieben ist, außer ständigem Kleinkrieg oder erbittertem Schweigen, fragt der Ehemann honigsüß, was sich die verehrte Frau Gemahlin denn zum Geburtstag wünsche.
»Was ich mir wünsche, ist eine Scheidung!« faucht sie ihn an.
Er zuckt die Achseln. »Tut mir leid, meine Liebe, aber so viel wollte ich nicht ausgeben.«

*

Nach elf Jahren Ehe bekommen der Pastor und seine Frau doch noch Nachwuchs. Sie lassen am nächsten Tag eine Anzeige in die Zeitung setzen:
»Wir freuen uns über die Geburt unseres Sohnes und danken dem Herrn, der über uns wohnt.«

Der Ehemann verdächtigt seine Frau schon lange und tobt wieder einmal vor Eifersucht.

»Das sage ich dir, meine Liebe, wenn ich hier im Schlafzimmer so einen Mistkerl erwische, schlage ich ihn krankenhausreif!«

Kommt eine verdatterte Stimme aus dem Kleiderschrank: »Noch ist es nur Beamtenbeleidigung …!«

Es stand in der Zeitung:

»Heute feiere ich in aller Stille und in großer Zufriedenheit das Fest meiner Silbernen Scheidung.«

»Gratuliere«, sagt der Arzt zu der Frau, die ihren Mann im Krankenhaus besucht. »Ihr Mann ist über den Berg und wird in vier Wochen wieder zu Hause sein.«

»Machen Sie keine Witze«, sagt die Ehefrau erschrocken, »ich habe schon alle seine Anzüge verkauft!«

*

In einer Telefonzelle steht ein Mann und hält zehn Minuten den Hörer ans Ohr, ohne ein Wort zu sprechen. Ein anderer wartet draußen und ist schon ziemlich ungeduldig. Schließlich reißt ihm die Geduld. Er öffnet die Tür.

»Wenn Sie schon nicht sprechen, dann lassen Sie mich doch endlich telefonieren!«

»Stören Sie doch nicht«, zischt der andere. »Ich unterhalte mich mit meiner Frau.«

Beim Rechtsanwalt sitzt gerade eine Klientin, die ihm bis in alle Einzelheiten ihre Ehe schildert.

»So, jetzt habe ich Ihnen ehrlich und aufrichtig alles erzählt«, sagt sie schließlich, »und ich möchte Sie nun bitten, mir genauso offen zu sagen, ob ich mit diesen Schilderungen meine Scheidung durchsetzen kann.«

Der Anwalt schüttelt bedauernd den Kopf. »Sie nicht, gnädige Frau, aber Ihr Mann ...!«

*

Ganz begeistert legt der Ehemann das Besteck auf seinen Teller und sagt zu seiner Frau: »Mmmh, hat das heute geschmeckt, Schatz! Kannst du morgen das gleiche nicht noch mal kochen?«

Sie schüttelt den Kopf. »Tut mir leid, Liebling, an Fliegenpilzen kann man sich nur einmal im Leben satt essen!«

**»Entweder ist mein Apparat kaputt,
oder Sie sind tot!«**

oder

**Es geht nichts über
eine volle Arztpraxis**

»Wissen Sie, was ich heute schon geschossen habe?« fragt der alte Förster den Landarzt. »Raten Sie mal!«
»Nicht nötig«, erwidert der Arzt, »er war schon bei mir in der Sprechstunde!«

*

Der Arzt macht sich Notizen auf seinem Krankenblatt und will wissen: »Rauchen Sie?«
»Nein«, erwidert der Patient.
»Trinken Sie?«
»Auch nicht.«
Nachdenklich sieht der Arzt den Patienten an, dann meint er: »Machen Sie sich keine falschen Hoffnungen. Ich werde schon etwas finden, das ich Ihnen verbiete!«

*

Löffelbein trifft seinen Hausarzt. »Das war wirklich eine ausgezeichnete Medizin, die Sie meiner Frau verschrieben haben«, sagt er strahlend.
»Das freut mich.«
»Mich auch, Herr Doktor«, meint Löffelbein. »Vorher war sie nur heiser, aber jetzt kriegt sie kein Wort mehr heraus!«

*

Der Arzt stellt ein Rezept aus und meint beruhigend: »Mit dieser Medizin können Sie die ganze Nacht durch-schlafen.«
»Sehr schön. Und wie oft muß ich sie nehmen?« will der Patient wissen.
»So alle zwei Stunden …«

Ein Arzt beschwert sich in seiner Autowerkstatt: »Sie verlangen für die Reparatur meines Wagens ja mehr, als ich für die Behandlung eines Patienten bekomme!«
»Schon möglich, Herr Doktor«, erwidert der schlagfertige Werkmeister. »Aber wir haben es ja laufend mit neuen Typen zu tun, während Sie schon seit Adams Zeiten immer an dem gleichen Modell arbeiten.«

*

Der Doktor mißt den Blutdruck. »Sonderbar«, meint er kopfschüttelnd zum Patienten, »entweder ist mein Apparat kaputt, oder Sie sind tot!«

*

»Herr Beckmann, Sie sind wirklich kerngesund!« lobt der Internist den rüstigen Patienten. »Mit Ihrer Konstitution werden Sie mindestens achtzig Jahre alt!«
»Aber ich bin doch schon achtzig, Herr Doktor!«
Erwidert der Arzt triumphierend: »Na, was habe ich Ihnen gesagt!«

*

Aufgeregt berichtet eine Dame dem Arzt: »Herr Doktor, immer habe ich Kopfschmerzen, Reißen in den Armen, Bruststiche, Magenschmerzen, Hexenschuß im Rücken. Meine Knie und Füße tun mir dauernd weh, dazu dieses Ohrensausen und Augenflimmern. Was fehlt mir denn bloß?«
»Was soll Ihnen denn fehlen«, brummt der Arzt, »Sie haben doch schon alles!«

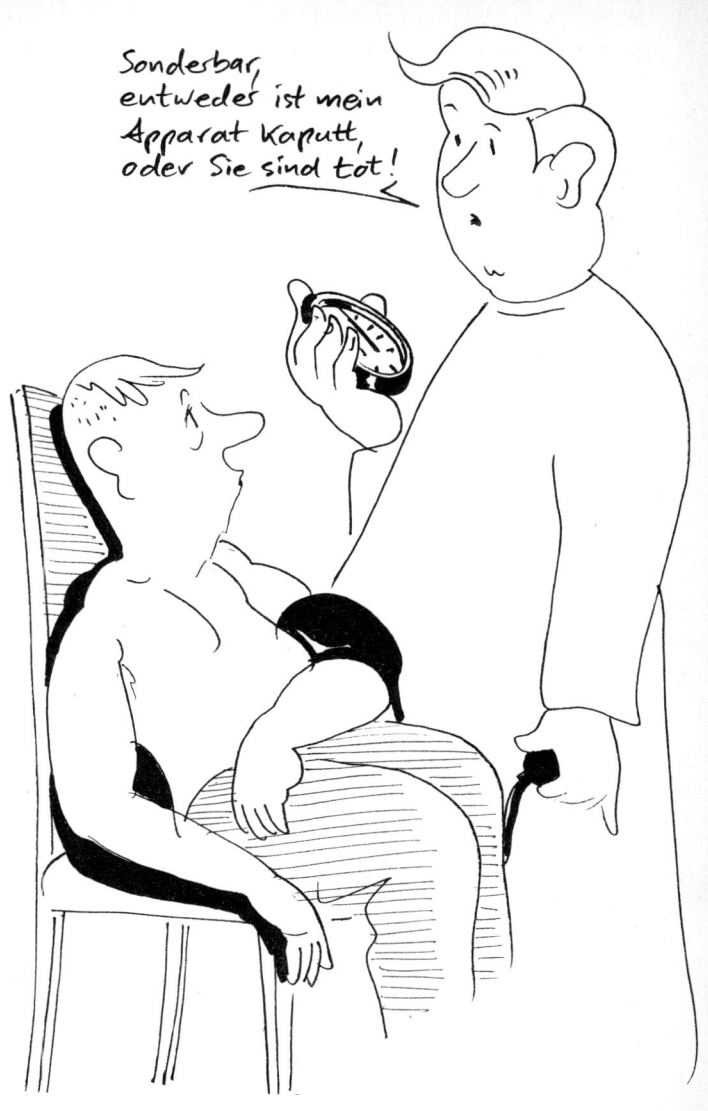

Eines Tages taucht eine Dame mittleren Alters in der Sprechstunde auf und sagt: »Doktor, Sie erinnern sich gewiß nicht mehr an mich. Vor zwanzig Jahren machten Sie einen Hausbesuch und befahlen mir Bettruhe, bis Sie wiederkämen. Aber Sie sind nie wiedergekommen.«

»Und?« fragt der Arzt. »Was haben Sie außerhalb Ihres Bettes zu suchen?«

*

Nach gründlicher Untersuchung stellt der Arzt fest: »Liebe Frau Muckmann, Ihnen fehlt wirklich gar nichts.«

Erwidert die Patientin treuherzig: »Das weiß ich, Herr Doktor – aber mein Mann ist zur Kur, meine Freundin verreist, der Fernseher kaputt, da dachte ich, geh halt mal zum Doktor!«

*

Nachdem er das Unfallopfer untersucht hat, diktiert der Arzt die Diagnose: »Hautabschürfungen, die vierte Rippe ist gebrochen, Prellungen an der rechten Schulter …« Er wendet sich der Patientin zu: »Wie alt sind Sie?«

»Siebenundzwanzig, Herr Doktor.«

»… und Gedächtnisstörungen.«

*

In der Klinik stößt der junge Assistenzarzt versehentlich mit dem Chefarzt zusammen.

»Oh – mein Gott, verzeihen Sie«, stammelt der junge Arzt.

»Schon gut«, knurrt der Chefarzt, »aber ›Professor‹ genügt vollkommen als Anrede!«

Der Internist will nicht so streng sein und sagt zu seinem Patienten: »Also, ein Glas Wein am Tag dürfen Sie trinken. Das wollte ich Ihnen schon vor zwei Wochen sagen.«
»Oh, das macht nichts, Herr Doktor«, versichert der Patient, »die vierzehn Gläser hole ich leicht nach.«

Es riet der Arzt:

»Treiben Sie Sport!«
»Mache ich ja«, erwiderte der Patient. »Ich ringe täglich um meine Existenz.«

Der junge Arzt hat seine erste Entbindung hinter sich und fragt den Chefarzt, ob er seine Sache gut gemacht habe.
Der alte Herr lächelt.
»Es ist soweit alles ganz ordentlich. Nur hätten Sie dem Baby zwei Klapse auf den Po geben müssen, nicht der Mutter!«

*

»Sie müssen unbedingt in ein Krankenhaus, um sich operieren zu lassen«, erklärt der Arzt. »Möchten Sie in die erste oder in die zweite Klasse?«
»Was ist denn da für ein Unterschied?« erkundigt sich der Patient.
»In der ersten Klasse«, erläutert der Arzt, »gibt es die neuesten Instrumente und die ältesten Assistenten. In der zweiten ist es gerade umgekehrt.«

Ängstlich fragt der Patient am Vorabend der Operation: »Herr Doktor, kann ein Mensch tatsächlich ganz ohne Blinddarm leben?«

Der Arzt beruhigt seinen Patienten freundlich: »Natürlich, der Mensch schon, der Chirurg nicht!«

Es fragte der Stationsarzt:

»Ist das der Schwergewichtsmeister, der von einem Kleinwagen angefahren wurde?«
»Nein«, erwidert die Schwester, »das ist der Fahrer des Kleinwagens!«

»Warum sind Sie denn ausgerechnet Arzt für Haut- und Geschlechtskrankheiten geworden?« fragt ein guter Bekannter den Arzt.
»Das ist ganz einfach«, meint er lächelnd. »Da rufen mich die Patienten nicht bei Nacht, sie sterben nicht an ihren Krankheiten, aber sie werden auch selten schnell gesund!«

*

Der Patient erwacht aus der Narkose.
»Na, wie fühlen Sie sich?« fragt der Arzt.
»Entschieden besser«, versichert der Patient strahlend.
»Anfangs war mir nämlich, als hätte ich mit einem Holzhammer eins auf den Schädel bekommen.«
Der Arzt lächelt verlegen. »Sie müssen das bitte entschuldigen. Uns war das Chloroform ausgegangen.«

Der Kellner liegt auf dem Operationstisch. Da kommt ein Arzt vorbei, der schon oft im Gasthaus gegessen hat.
»Herr Doktor, helfen Sie mir!« stöhnt der Kellner.
Der Arzt zuckt die Achseln. »Bedaure sehr, das ist nicht mein Tisch. Aber mein Kollege kommt gleich!«

*

Der Arzt hat den Patienten gründlich untersucht.
»Ich kann nichts finden, ich glaube, das ist der Alkohol«, meint er abschließend.
»Na«, sagt der Patient, »dann komme ich halt wieder, wenn Sie nüchtern sind!«

*

Frau Seehofer geht über die Kurpromenade und begegnet ihrem Frauenarzt. Er geht an ihr vorüber und grüßt sie nicht. Sie eilt hinterher.
»Aber, Herr Doktor, kennen Sie mich nicht? Ich bin doch Frau Seehofer.«
Der Doktor stutzt einen Augenblick, dann meint er entschuldigend: »Aber natürlich, gnädige Frau! Sie werden mir sicher verzeihen – ich habe Sie von außen nicht erkannt!«

*

Hausmann hat beschlossen, dem Arzt die Meinung zu sagen. »Herr Doktor, mein Schwager ist leberkrank, und Sie haben ihm das Trompetenblasen verboten«, empört er sich.
»Warum denn das?«
Meint der Arzt lakonisch: »Weil er unter mir wohnt.«

Der junge Assistenzarzt hat eine steinreiche Verehrerin. Als sie ihn zum erstenmal in ihr Haus einlädt, ist er ratlos – was soll er bloß mitbringen? Er fragt den Stationsarzt.

»Was kann man einer Dame geben, die alles, aber auch alles hat?«

»In einem solchen Fall«, rät der erfahrene Kollege, »würde ich es prinzipiell zuerst mit Penicillin versuchen.«

Es fragte der Doktor:

»Hatten Sie früher mal einen Abszeß?«
»Ja, Herr Doktor, vor zwei Jahren, aber ich bin freigesprochen worden.«

Der Arzt verschwindet im Zimmer der Patientin, kommt wieder heraus und bittet den Ehemann um eine Zange. Der Arzt geht, kommt zurück und verlangt Hammer und Meißel.

Der Ehemann wird bleich und fragt: »Um Gottes willen, was fehlt denn meiner Frau?«

»Weiß ich nicht«, brummt der Arzt, »ich kriege meine Tasche nicht auf.«

*

Der Dorfarzt ist passionierter Jäger. Nach der Treibjagd fragt ihn seine Frau: »Na, hast du Erfolg gehabt?«

»Ich bin zufrieden«, murmelt der Doktor, »zwei Hasen, vier neue Patienten.«

Der Oberarzt überläßt, da er in Urlaub fährt, dem Assistenten die Station. Nach drei Wochen ist er zurück.

»Was haben Sie den Patienten verabreicht?« erkundigt er sich.

»Morphium, nur Morphium«, berichtet der Assistent.

»Und in welcher Dosis?«

Der Assistent nennt die jeweiligen Mengen, die den Patienten verabreicht wurden.

Der Oberarzt kratzt sich am Kopf. »Nur noch eine Frage«, forscht er weiter, »was haben Sie denn jeweils als Todesursache angegeben?«

*

Ein bekannter Internist und ein berühmter Maler sind befreundet. Der Maler führt sein neuestes Bild vor, die Darstellung eines Sterbenden.

»Nun sag bloß noch«, fordert er den Arzt heraus, »das sei nicht lebensecht!«

Prüfend betrachtet der Freund das Meisterwerk und murmelt dann: »Einwandfrei Leberzirrhose, ganz einwandfrei.«

*

Seit einigen Tagen regnet und stürmt es, von sommerlicher Wärme keine Spur. Mißgelaunt betritt der Arzt seine Praxis und hängt unter leisem Fluchen den nassen Mantel an den Garderobenständer.

»Scheußliches Wetter, Herr Doktor«, meint seine Sprechstundenhilfe mitleidig. »So richtiges Grippewetter.«

»Ja, ich weiß«, murmelt der Arzt. »Ich beklage mich ja auch gar nicht.«

Nachdem er seinen Patienten ausgiebig untersucht hat, fragt der Augenarzt: »Entschuldigen Sie meine Neugier – aber wie haben Sie überhaupt hergefunden?«

*

Ein bleicher Mann sitzt auf dem Behandlungsstuhl des Zahnarztes und beobachtet ängstlich jede Bewegung, die der Doktor an seinem Instrumentenschrank macht. Dabei seufzt er tief auf.
»Aber mein Bester«, beruhigt ihn der Dentist, »Sie brauchen wirklich keine Angst zu haben! Ich stecke mir nur noch Watte in die Ohren, und dann fangen wir sofort an.«

*

Kleinjung läßt sich vom Augenarzt untersuchen.
»Können Sie diese Buchstaben hier lesen?« fragt der Arzt.
»Welche Buchstaben?«
»Die hier auf der Tafel.«
»Wo ist denn hier eine Tafel?«
»Wissen Sie«, resigniert der Arzt, »am besten wird es sein, wenn ich Ihnen keine Brille, sondern gleich einen Blindenhund verschreibe.«

*

Nach einer eingehenden Untersuchung fragt der Patient den Arzt, ob er Silvester wohl noch ein Glas Sekt trinken dürfe.
Antwortet der Arzt etwas erstaunt: »Ein Glas dürfen Sie schon trinken, aber worauf, um Himmels willen, wollen *Sie* noch anstoßen?«

»Ach, du meine Güte«, sagt der Zahnarzt zum Patienten, »haben Sie in den Backenzähnen aber große Löcher – Löcher – Löcher ...«
»Weshalb wiederholen Sie denn das so oft, Herr Doktor?«
»Ich habe doch nichts wiederholt – das war nur das Echo.«

Es sagte der Chirurg:

»Sie sind ein interessanter Fall, Herr Waiblinger. Ihre Operation wird die Wissenschaft bereichern.«
Der Patient: »Mir ist das gleich, ich bin in der Ortskrankenkasse.«

Der Patient hat auf dem Stuhl Platz genommen.
»Na, dann wollen wir mal«, sagt der Zahnarzt und legt seine Instrumente zurecht. »Damals, als Sie noch mein Mathematiklehrer waren, haben Sie ja immer moniert, daß ich keine Wurzeln ziehen kann ...«

*

Der Patient ist bestürzt über die Diagnose des Internisten.
»Aber Herr Doktor, ich habe überhaupt nicht gewußt, daß ich einen so schlimmen Herzfehler habe!«
»Na, sehen Sie, wie gut es war, daß Sie einen Arzt aufgesucht haben«, meint der Internist. »Sonst hätten Sie lustig drauflosgelebt und wären ein alter Mann geworden, ohne zu ahnen, daß Sie eine lebensbedrohliche Krankheit haben.«

»Sie brauchen keine Angst vor der Operation zu haben«, beruhigt der Chirurg seinen Patienten. »Exakt diese Operation habe ich zufällig vor ein paar Tagen im Fernsehen gesehen!«

*

»Schön weit aufmachen!« flehte der Zahnarzt, als sein Golfball auf das Loch zurollte …

Es sagte der Zahnarzt:

»Es wird jetzt ein bißchen weh tun. Also beißen Sie die Zähne zusammen und machen Sie den Mund weit auf!«

Im Gang des Krankenhauses spricht der Chef einen jungen Assistenzarzt an. »Nun, wie ist Ihre erste Operation verlaufen?«
Der junge Arzt wird kreidebleich. »Operation, sagten Sie? Ich dachte, es handele sich um eine Obduktion!«

*

Der Assistenzarzt ist fast am Ende seiner ersten Operation. Da betritt der Chefarzt den Operationssaal, blickt ihm kurz über die Schulter, stutzt und sagt:
»Nein, nein, nur den Blinddarm, alles andere tun Sie schön wieder rein …«

Der Medizinstudent demonstriert zum erstenmal an einer Puppe eine Zangengeburt. Schweißüberströmt arbeitet er, bis ihn der Professor unterbricht:

»Großartig. Wenn Sie dem Vater jetzt noch mit der Geburtszange über den Schädel hauen, haben Sie die ganze Familie ausgerottet!«

*

»Sagen Sie mir die Wahrheit, Herr Doktor«, fleht der Kranke seinen Arzt an. »Wieviel Zeit bleibt mir noch?«

»Schwer zu sagen«, erwidert der Arzt nachdenklich. »Aber lassen Sie es mich einmal so ausdrücken: An Ihrer Stelle würde ich nicht mehr anfangen, einen Fortsetzungsroman zu lesen.«

*

Der Patient auf dem Operationstisch beobachtet mit wachsender Besorgnis die vielen Vorbereitungen.

»Verzeihen Sie meine Aufregung!« sagt er. »Es ist meine erste Operation.«

Der Chirurg tätschelt ihm beruhigend die Schulter.

»Keine Angst – meine auch!«

*

Ein Mann ist überfahren worden. Seine Frau steht vor dem Operationssaal und fragt den Arzt: »Herr Doktor, wie sieht es aus?«

Der Arzt strahlt: »Ihr Mann hat unwahrscheinliches Glück gehabt. Vier seiner Verletzungen sind zwar absolut tödlich, aber die fünfte ist ganz harmlos.«

»Herr Kollege«, sagt ein Arzt zum anderen, »ich habe gehört, daß der berühmte Patient, den Sie wegen eines Leberleidens behandelt haben, an einem Herzinfarkt gestorben ist.«

»Unsinn«, erwidert der Angesprochene. »Wenn ich jemanden wegen eines Leberleidens behandle, dann stirbt er auch daran.«

*

Der Landarzt fährt mit seiner Frau in einem Affentempo durchs Dorf. Ermahnt sie ihn: »Fahr doch nicht so schnell. Wenn das der Polizist sieht.«

Erwidert er gelassen: »Keine Bange, dem habe ich eine Woche strengste Bettruhe verordnet!«

*

Völlig aufgelöst ruft Frau Ahlefeld beim Augenarzt an.

»Ich flehe Sie an, Herr Doktor. Mein Mann ist auf dem Weg zu Ihnen. Verschreiben Sie ihm bloß keine Brille; unsere Ehe ist seit zehn Jahren ausgesprochen glücklich!«

*

Nach der Untersuchung diktiert der Arzt den Befund, wobei er lateinische Fachausdrücke verwendet. Der Patient hört zu.

»Herr Doktor«, will er wissen, »ist das eine seltene Krankheit?«

»Aber nein«, beruhigt ihn der Arzt. »Sie können sich gar nicht vorstellen, wie viele Menschen daran schon gestorben sind.«

Ein Mann kommt zum Arzt und schildert ihm seine Leiden.

»Ist meine Krankheit eigentlich gefährlich?« erkundigt er sich nach der Untersuchung beim Internisten.

»Gefährlich?« überlegt dieser. »Lassen Sie es mich so ausdrücken: Wenn ich Sie von dieser Krankheit heile, werde ich weltberühmt!«

*

Zwei befreundete Ärzte treffen sich auf dem Friedhof.

Meint der eine: »Na, Herr Kollege, machen Sie auch Inventur?«

*

Die Arzthelferin legt ihrem Chef ein Formular auf den Tisch.

»Bitte unterschreiben Sie noch diesen Totenschein, Herr Doktor.«

»Moment, hatte ich den nicht schon vorhin unterschrieben?«

»Schon, aber Sie hatten Ihren Namen in die Rubrik ›Todesursachen‹ eingetragen.«

*

Der Regierungsdirektor ist die Treppe heruntergestürzt und wird eiligst ins Krankenhaus gebracht.

»Hoffentlich hat er sich nicht das Rückgrat gebrochen«, sorgt sich sein Minister.

»Unmöglich«, antwortet der Arzt, »er hat ja nie eines besessen.«

Der Arzt sieht sich erst den Patienten im Bett genau an, dann blickt er zu dessen Ehefrau hinüber und sagt: »Er ist tot.«

Da röchelt der Totgesagte: »Verzeihung, das stimmt nicht.«

»Sei doch nicht immer so vorlaut!« herrscht da die Ehefrau ihren Mann an. »Du wirst es doch nicht besser wissen wollen als der Doktor …!«

Es sagte der Patient:

»Herr Doktor, ich glaube, ich stehe vor der Pforte des Todes.«

»Keine Angst, mein Lieber, ich bringe Sie schon durch.«

»Ihre Karten liegen gut«, sagt die Wahrsagerin zu dem Besucher. »Es scheint, als wären Sie vom Glück ganz besonders begünstigt – keine Krankheit wird in diesem Jahr Ihren Lebensweg kreuzen.«

Der Mann wird ganz bleich. »Das ist ja schlimm. Ich bin nämlich Arzt.«

*

Nachdenklich sieht der Arzt seine junge Patientin an.

»Nehmen Sie die Pille?«

»Nein, Herr Doktor«, sagt diese errötend. »Aber wenn Sie es wünschen, kann ich es vor dem nächsten Mal nehmen.«

Der Beamte sitzt auf dem Behandlungsstuhl beim Zahnarzt und stöhnt ganz fürchterlich.

»Herr Doktor, ich habe ja solche Zahnschmerzen!«

Der Zahnarzt begutachtet den schmerzenden Zahn, dann nickt er zustimmend, legt seine Instrumente weg und holt ein Schriftstück aus seinem Schreibtisch.

»Ja, ja, dann füllen Sie mal diesen Antrag hier in dreifacher Ausfertigung aus, und kommen Sie in etwa vier Wochen wieder!«

Es fragte der Kollege:

»Na, wie läuft denn die neue Praxis?«
»Danke, inzwischen bin ich soweit, daß ich dem einen oder anderen Patienten auch mal sagen kann, daß ihm gar nichts fehlt!«

Etwas gönnerhaft meint der Arzt: »Was, Sie waren bei diesem Heilpraktiker? Da bin ich ja gespannt, was für einen Unsinn der Quacksalber Ihnen verordnet hat.«

»Er hat mich zu Ihnen geschickt.«

**»Wer weniger angibt,
hat mehr vom Leben…«**

oder

Ihr Finanzamt erleichtert Sie gerne

Bossler kommt früher als gewöhnlich von der Arbeit nach Hause und erwischt seine Frau mit einem Fremden im Bett. Er will gerade losbrüllen, da unterbricht sie ihn: »Reg dich nicht auf, es gibt Schlimmeres. Auf dem Wohnzimmertisch liegt ein Schreiben vom Finanzamt.«

*

Zwei Mücken treffen sich vor dem Finanzamt. Die eine kommt gerade herausgeflogen, die andere will hinein. Meint die, die herauskommt, zu der, die hineinwill: »Zwecklos, die saugen selbst!«

Es fragte die Mutter:

»Kind, woher hast du nur diese schlimmen Schimpfworte?«
»Mutti, du kennst doch den Spielplatz beim Finanzamt ...«

Der Luxusdampfer ist gesunken, zwei der Touristen erreichen schwimmend mit letzter Kraft eine einsame Insel. »Schrecklich«, jammert der eine Schiffbrüchige, »auf dieser gottverlassenen Insel wird uns kein Mensch jemals finden!«
»Da seien Sie ganz unbesorgt«, tröstet ihn der andere. »Die werden sich die größte Mühe geben, uns zu finden – bei dem Haufen Geld, das ich dem Finanzamt noch schulde!«

Meier bekommt vom Finanzamt seine Steuererklärung zurück. *Wir vermissen die Einkünfte Ihrer Frau,* steht im Begleitschreiben.
Schreibt Meier zurück: *Ich auch, meine Herren!*

Es fragte der Zahnarzt:

»Sagen Sie mal, sind Sie nicht der Finanzbeamte, der bei meiner letzten Steuererklärung so heftig nachgebohrt hat?«

Auf dem Finanzamt. Der Finanzbeamte zeigt sich nicht sehr aufgeschlossen gegenüber den Argumenten des Steuerzahlers. Schließlich verliert dieser die Geduld und sagt verärgert zu dem Finanzbeamten: »Nun nehmen Sie doch endlich Vernunft an!«
»Tut mir leid«, weist der Beamte den Mann zurecht, »als Beamter darf ich überhaupt nichts annehmen!«

*

Ein Mann kommt ins Finanzamt und will den Inspektor sprechen. Nach längerer Wartezeit dringt er zu ihm vor.
»Herr Inspektor«, will er wissen, »wann kann ich meinen Urlaub nehmen?«
»Wieso Urlaub?« wundert sich der Inspektor. »Sie sind doch gar nicht bei uns beschäftigt.«
»Das nicht«, bestätigt der Mann, »aber ich arbeite doch in erster Linie für Sie.«

Sagen Sie mal, sind Sie nicht der Finanzbeamte, der bei meiner letzten Steuererklärung so heftig nachgebohrt hat?

»In der letzten Zeit bekomme ich dauernd Drohbriefe«, erzählt ein Freund dem anderen. »Das macht einen fix und fertig. Aber ich bin völlig machtlos dagegen.«
»Unsinn! Sag es der Polizei, die hilft dir.«
Der Mann schüttelt bekümmert den Kopf. »Das glaube ich nicht. Die Briefe stammen vom Finanzamt!«

*

Der Finanzbeamte überfliegt die Steuererklärung des Junggesellen. Bei der Angabe *ein Kind* stutzt er.
»Da hat wohl Ihre Sekretärin nicht aufgepaßt?« erkundigt er sich.
Der Junggeselle seufzt: »Wem sagen Sie das!«

*

Müller erhält vom Finanzamt Formulare für seine Steuererklärung zugeschickt.
Er antwortet: *Anbei sende ich Ihnen mit Dank Ihre Prospekte zurück, da ich nicht beabsichtige, Ihrem Verein beizutreten!*

*

Der Finanzbeamte will von dem Mann, der ihn wegen seiner Steuererklärung aufgesucht hat, den Namen wissen.
»Bergmeister«, sagt der Steuerzahler.
Der Finanzbeamte notiert.
Dann fragt er nach dem Beruf.
»Kunstschütze«, sagt der Mann.
Der Beamte hört auf zu schreiben, schaut erschrocken hoch und sagt rasch: »Sie bekommen schriftlich Bescheid.«

Waiblinger erscheint auf dem Finanzamt und erkundigt sich beim zuständigen Beamten: »Sagen Sie, bekomme ich eventuell eine Ermäßigung?«

Meint der Finanzbeamte: »Das kommt darauf an, wie Sie veranlagt sind.«

»Oh«, versichert Waiblinger dem Beamten strahlend, »ich bin völlig normal.«

Es schrieb der Steuerzahler:

Sehr geehrter Herr Finanzbeamter,
meine Frau ist eine außergewöhnliche Belastung, und Sonderausgaben macht sie auch laufend. Ich möchte sie gern absetzen. Sagen Sie mir bitte wie und wo …

Der Einbrecher steht fassungslos im Finanzamt vor einem leeren Tresor.

Er legt einen Zettel hinein: *Kollegen, wo versteckt ihr eure Beute?*

*

Die junge Dame hat Schwierigkeiten beim Ausfüllen ihres Lohnsteuer-Jahresausgleiches.

Sie wendet sich an einen hilfsbereiten Finanzbeamten und fragt ihn: »Kann ich eigentlich auch die Pille von der Steuer absetzen?«

Antwortet der Beamte schmunzelnd: »Natürlich. Aber nur, wenn Sie sie vergessen haben!«

Ein Mann steht vor der Tür und weist sich als Finanzbeamter aus.

»Guten Morgen, Herr Kirchler, ich komme vom Finanzamt.«

Kirchler weiß nicht, was er davon halten soll. »Das muß ein
Irrtum sein, ich schulde dem Finanzamt nichts. Ich habe
alle Steuern immer pünktlich bezahlt.«

»Genau das ist es. Woher haben Sie eigentlich das viele
Geld, mit dem Sie Ihre Steuern zahlen?«

Es sagte der Unternehmer:

»Ein Geschäft ist erst dann ein Geschäft, wenn man
dem Finanzamt nachweist, daß es keines war.«

Ein Mann kommt ins Finanzamt und erklärt: »Ich möchte
gern meine Hundesteuer bezahlen.«

Fragt der Beamte: »Auf welchen Namen bitte?«

Sagt der Mann: »Auf Struppi.«

*

Ein Einkommensteuerpflichtiger schreibt anonym an das
Finanzamt.

*Ich kann nicht mehr in Ruhe schlafen, weil ich wissentlich
eine falsche Steuererklärung abgegeben habe. Darum
schicke ich Ihnen beiliegend einen Scheck über zweitausend
Mark. P. S. Wenn ich dann immer noch nicht schlafen kann,
schicke ich Ihnen den Rest.*

Ein Geschäft ist erst dann ein Geschäft, wenn man dem Finanzamt nachweist, daß es keines war.

Haslinger ist schwer krank und hat nicht mehr lange zu leben. Er macht sein Testament.

»Wenn ich gestorben bin, soll mein Leichnam verbrannt werden«, sagt er zum Notar.

Fragt der Notar: »Und die Asche?«

Sagt Haslinger grimmig: »Die schicken Sie ans Finanzamt mit folgendem Vermerk: Nun habt ihr alles!«

*

»Na, Karl, warum strahlst du denn so?« fragt der Kollege im Büro.

»Stell dir vor, ich brauche keine Steuern mehr zu bezahlen!«

»Wieso nicht? Wie hast du denn das geschafft?« fragt der Kollege wißbegierig.

Der andere zuckt mit den Schultern. »Ich habe gestern ein Schreiben vom Finanzamt bekommen mit der Überschrift *Dritte und letzte Mahnung*!«

*

Der Stoßseufzer eines Einkommensteuerpflichtigen: »Wer weniger angibt, hat mehr vom Leben …«

*

Ein Mann geht zum Finanzamt und fragt den Beamten: »Nehmen Sie Trinkgelder?«

»Selbstverständlich nicht«, empört sich der Finanzbeamte. »Wofür halten Sie mich denn?«

»Schon gut«, sagt der Besucher, »regen Sie sich nicht auf. Ich wollte ja nur mal fragen. Dann nehme ich mein Geld wieder mit. Ich bin nämlich Kellner.«

Ein Reporter interviewt den berühmten Kriminalschriftsteller.

»Und was halten Sie für Ihr raffiniertestes Werk?« will er wissen.

Der Schriftsteller grinst. »Meine letzte Steuererklärung!«

Es sagte der Finanzbeamte:

»Mein lieber Herr, es genügt einfach nicht, daß Sie unter Werbungskosten *astronomisch* und unter Einnahmen *unbedeutend* schreiben. Wir brauchen da schon genauere Angaben!«

Der Geschäftsmann erkundigt sich beim Finanzamt: »Ich habe gehört, daß man Renovierungskosten auch von der Steuer absetzen kann, stimmt das?«

»Kommt drauf an«, meint der Finanzbeamte. »Was wollen Sie denn renovieren lassen?«

»Meine Frau will auf eine Schönheitsfarm.«

*

»Aber das ist doch unmöglich, gute Frau«, sagt der Finanzbeamte ungeduldig zu der Marktfrau. »Sie behaupten, Sie haben die Eier für zwanzig Pfennig pro Stück eingekauft, und verkaufen sie für siebzehn Pfennig weiter. Wie können Sie denn dabei existieren?«

Meint die Marktfrau treuherzig: »Ja, das ist schwer, aber die Menge muß es bringen!«

Hässel braucht Hilfe bei der Einkommensteuererklärung.
»Sie sind mir als ausgezeichneter Fachmann empfohlen worden«, sagt er zu dem Steuerberater, den er aufgesucht hat. »Ich allein werde nicht fertig mit der Aufstellung für das Finanzamt.«

»Ja, ja, das ist auch eine komplizierte Materie«, meint der Steuerberater. »Sogar ich als Spezialist habe gestern bis spät nachts über meinen Unterlagen gesessen.«

»Ja, sagen Sie bloß, zahlen Sie denn auch Steuern?« erkundigt sich Hässel fassungslos.

»Aber selbstverständlich«, erwidert der Steuerberater.

Meint Hässel mit finsterer Miene: »Jetzt weiß ich, warum mich der Finanzbeamte zu Ihnen geschickt hat!«

*

Der Schriftsteller hat seine Einkommensteuererklärung abgegeben und erhält kurz darauf ein Schreiben des Finanzamtes.

Wir sind verblüfft darüber, daß Sie als offensichtlich erfolgreicher Autor – nach den von Ihnen gemeldeten Summen – angeblich ein so geringes Einkommen gehabt haben.

Der Schriftsteller schreibt zurück: *Ich teile Ihre Verblüffung!*

*

Der Steuerzahler bezahlt auf dem Finanzamt seine Einkommensteuerrate.

»Augenblick«, sagt der Beamte, »ich gebe Ihnen noch eine Quittung.«

»Wieso Quittung?« meint der Steuerzahler. »Wollen Sie es denn durch die Bücher gehen lassen …?«

Das Finanzamt ist wieder einmal nicht zufriedenzustellen und schreibt: *Bezüglich Ihrer Steuererklärung teilen wir Ihnen mit, daß uns im Verhältnis zu Ihrem Wareneingang der angegebene Umsatz zu niedrig scheint.*
Darauf schreibt der inzwischen schon sehr verärgerte Steuerpflichtige: *Am Tag scheint mir die Sonne, nachts scheint mir der Mond. Was dem Finanzamt scheint, ist mir egal!*

Es fragte der Quizmaster:

»Was ist ein Steuerzahler? – Das einzige Lebewesen, dem man das Fell mehrmals über die Ohren ziehen kann!«

Wieder einmal ist eine Steuerreform angekündigt. Die Formulare für die Einkommensteuererklärung sollen künftig wesentlich übersichtlicher gestaltet werden. Sie werden auf zwei Punkte verkürzt:
1. *Wieviel haben Sie im letzten Jahr verdient?*
2. *Überweisen Sie es uns!*

*

Die Ehefrau liest Zeitung. Bei den Lokalnachrichten schüttelt sie den Kopf.
»Warum die jetzt wohl das Schillerdenkmal vor dem Finanzamt aufgestellt haben?« überlegt sie laut.
»Nun«, erklärt ihr der Ehemann, »Schiller hat ›Die Räuber‹ geschrieben – jetzt soll er sie auch bewachen!«

Computerbrief des Finanzamtes:
Vermissen in Ihrer Steuererklärung Angaben über Vermögen.
Antwortet der Steuerpflichtige: *Und ich vermisse Vermögen für die Angaben.*

**»Ein bißchen länger
sollte er schon halten.«**

oder

Wer sein Auto liebt, der schiebt

Ein Polizist stoppt den sehr jungen Autofahrer.
»Ihren Führerschein, bitte.«
»Wieso Führerschein? Ich denke, den kriegt man erst mit achtzehn …!«

*

Bachhuber ist bei der Führerscheinprüfung durchgefallen und klagt jetzt seinem Freund: »Kein Wunder, der Prüfer konnte mich nicht leiden!«
»Ach, das bildest du dir doch bloß ein!« meint sein Freund ungläubig.
»Doch, doch«, beharrt Bachhuber, »du hättest mal seinen Blick sehen sollen, als man ihn auf der Bahre wegtrug!«

*

Bernhard berichtet seinem Freund voller Empörung: »Stell dir vor, die Polizei hat mir den Führerschein abgenommen. Und schuld daran war ein Geisterfahrer.«
»Was hattest du denn mit einem Geisterfahrer zu tun?« will der Freund wissen.
Bernhard zuckt die Achseln. »Na ja, der Kerl ist so langsam gefahren, daß ich ihn überholen mußte.«

*

Waiblinger kann sich nicht entscheiden, welches Auto er sich zulegen soll.
»Dieser Wagen ist wirklich Spitze«, sagt der Verkäufer, »er läuft gut und gern noch seine hundertvierzig Kilometer.«
»Na, ich weiß nicht«, antwortet der Kunde, »ein bißchen länger sollte er schon halten!«

Aufgebracht kommt der Kunde zum Gebrauchtwagen-händler.

»Sie haben mir den Gebrauchtwagen als ein Auto mit allen Schikanen angepriesen! Und jetzt springt er noch nicht einmal an«, sagt er wütend.

»Nun regen Sie sich doch nicht so auf«, beschwichtigt der Autohändler, »das war eben die erste Schikane!«

Es sagte der Beifahrer:

»Du lieber Himmel, sind Sie aber nervös! Haben Sie solche Angst vor einem Unfall?«
»Sonst eigentlich nicht, aber das wäre jetzt das dreizehnte Mal.«

Verkehrsdurchsage im Autoradio: »Achtung! Auf der Autobahn München–Salzburg fährt ein Wagen in verkehrter Richtung. Wir bitten um erhöhte Vorsicht!«
Verständnislos schüttelt da der Autofahrer den Kopf.
»Die haben vielleicht Nerven! Was heißt hier: ein Auto? Hunderte!«

*

Der Kunde bewundert im Autosalon einen großen amerikanischen Wagen und fragt den Verkäufer: »Wozu ist denn diese kleine grüne Lampe da vorn?«
Der Verkäufer erklärt es ihm. »Wenn die aufleuchtet, mein Herr, dann ist die nächste Rate fällig!«

Lehmann ist mit seiner Frau in Rom, als eine Bischofskonferenz beginnt. Mitten in der Menge sehen sie sich die Auffahrt der hohen Würdenträger an: ein Rolls-Royce, ein Cadillac, ein Mercedes, wieder ein Rolls-Royce und so weiter. Da sagt Lehmann kopfschüttelnd: »Und mit einem Esel haben sie angefangen!«

*

Anruf in der Autowerkstatt. »Schicken Sie mir bitte sofort jemanden. Mein Wagen will nicht mehr so recht.«
»Was fehlt ihm denn?«
»Vermutlich ist Wasser im Vergaser.«
»Und wo ist das Auto?«
»Ungefähr zehn Meter vom Ufer entfernt.«

*

Carola hat ihre erste Autopanne. Sie sieht sich den Schaden an und meint erleichtert:
»Glück gehabt, der Reifen ist nur unten platt!«

*

Ein Sportsfreund erzählt einem anderen: »Gestern war ich toll in Form. Ich fahre mit meiner neuen Flamme spazieren, halte auf einem Waldweg. Sie beugt sich sehnsüchtig zurück und sagt: ›Wenn du das Verdeck runtermachst, damit ich die Sterne sehe, kannst du von mir alles haben.‹ Was soll ich dir sagen – in zehn Minuten war das Verdeck unten …«
»Was soll denn daran toll sein?« wundert sich der andere. »Mein Verdeck ist in zwei Minuten unten.«
»Ja, Kunststück. Du fährst ja auch ein Kabriolett!«

Bossler hat sich einen neuen Sportwagen gekauft.
»Wo steht er denn?« erkundigt sich sein Freund.
»Ich habe ihn im Schaufenster des Händlers stehen lassen«, sagt Bossler. »So einen guten Parkplatz bekomme ich nie wieder.«

*

Wird Brigitte am Telefon von ihrer Freundin gefragt: »Bist du eigentlich immer noch mit Hugo zusammen?«
»Nein«, seufzt Brigitte, »der wäscht schon wieder sein Auto!«

*

Ein LKW nähert sich der Unterführung.
»Verdammter Mist: nur drei Meter vierzig Höhe, und wir haben drei Meter sechzig!«
»Ist doch völlig egal«, meint der Beifahrer, »oder siehst du irgendwo einen Polizisten?«

*

Der Wagen rast zwischen zwei Bäumen hindurch die Böschung hinunter, durchbricht einen Zaun, streift eine Hausecke und kommt an einem Obstbaum schließlich zum Stehen. Ein Augenzeuge läuft den Hang hinunter. Der Fahrer steigt unversehrt aus den Trümmern seines Fahrzeuges und torkelt auf den Mann zu.
»Um Gottes willen«, ruft der ganz entsetzt, »sind Sie etwa betrunken?«
»Natürlich!« brüllt ihn der Unglücksfahrer an. »Oder glauben Sie, ich bin ein so lausiger Fahrer?«

Waiblinger hat Pech. In einer eiskalten Nacht wird sein Auto gestohlen. Er erstattet bei der Polizei Anzeige und hat dann noch eine Bitte.

»Wenn Sie den Dieb erwischen, fragen Sie ihn bitte gleich, wie er es geschafft hat, daß der Wagen bei dieser Kälte angesprungen ist!«

*

»Gratuliere, Erwin!« sagt Landthaler zu seinem Freund. »Ich habe gehört, daß du dir endlich einen neuen Wagen kaufen willst.«

»Wollen? Ich muß!« stellt der andere klar. »Immer wenn ich meine alte Kiste irgendwo parke, kommt gleich ein Polizist angerannt und fragt, ob der Unfall schon protokolliert sei.«

*

Otto versucht krampfhaft, sein Auto in eine Parklücke zu zwängen, stößt gegen den vorderen Wagen, bumst gegen den hinteren.

Fragt ein Polizist: »Wollen Sie parken oder Billard spielen?«

*

Zwei Freunde treffen sich und tauschen Urlaubserfahrungen aus. »Sag mal, wolltest du nicht nach England fahren?« fragt der eine.

»Daraus ist nichts geworden. Dieser Linksverkehr da! Also, ich habe das hier mal zwischen München und Nürnberg ausprobiert – das ist ja lebensgefährlich!«

Ein Fernfahrer ruft seinen Chef an. »Ich kann leider nicht mehr weiterfahren, der rechte Außenspiegel ist kaputt.«
Der Chef ärgert sich. »Mann Gottes, Sie können doch auch ohne Außenspiegel fahren!«
Darauf der Fahrer: »Eben nicht, der Laster liegt drauf.«

Es sagte der Autofahrer:

»Volltanken bitte und den Reservekanister auch, ich bin nämlich auf der Suche nach einem Parkplatz.«

»So«, freut sich der Tourist, als er endlich einen Parkplatz gefunden hat, »das hätten wir! Jetzt müssen wir nur noch herausfinden, welche Stadt das ist.«

*

Auflauf am Straßenrand. Zwei Autofahrer streiten sich und brüllen sich durch die offenen Autofenster an.
Da ruft ein Passant von hinten: »Bitte lauter und deutlicher, hier hinten versteht man ja nichts!«

*

Auf einer Straße in der Wüste hält ein Auto vor einem Beduinenscheich. Der Fahrer fragt ihn nach dem Weg zur nächsten Oase.
»Immer geradeaus«, sagt der Scheich, »und Dienstag mittag links abbiegen.«

Ein schnittiger Sportwagen ist gerade gegen einen Baum gekracht.
»Ist was passiert?« wird der Mann gefragt, der bleich hinter dem Steuer sitzt.
»Alles okay«, knurrt er. »Ich hab' nur mal eben meine Sicherheitsgurte getestet.«

*

»Liebling, wenn du mich erhörst, werde ich dich auf Händen durchs Leben tragen!« sagt Hugo zu seiner Auserwählten.
Ganz empört sieht sie ihn an. »Heißt das etwa, daß du kein Auto hast?«

*

Der Fahrgast muß so schnell wie möglich zum Bahnhof. Der Taxifahrer rast los wie ein Wilder. Die Ampel steht auf Rot – er drüber weg. Nächste Kreuzung wieder Rot – er drüber weg. Und wieder und wieder. Dann zeigt eine Ampel Grün. Der Taxifahrer tritt voll auf die Bremse.
»Warum denn das – bei Grün?« fragt der Fahrgast.
Gibt der Taxifahrer zu bedenken: »Man muß vorsichtig sein – es könnte ein Kollege kommen.«

*

Endlich öffnet der verletzte Autofahrer wieder die Augen.
»Wo bin ich?« fragt er benommen, als sich die Krankenschwester über ihn beugt.
»In Nummer hundertsechzehn«, sagt sie freundlich.
»Zimmer oder Zelle?«

Zwei Autos stoßen zusammen, die Fahrer warten auf die Polizei.
Einer der beiden zieht aus der Tasche einen Flachmann und meint: »Nehmen Sie nach der Aufregung erst einmal einen Schluck.«
Der andere trinkt und fragt dann den Spender: »Na, und Sie haben keinen Schluck nötig?«
»Doch, natürlich – aber erst nach der Blutprobe …«

*

»Und wie steht es mit dem Kundendienst?« fragt der mißtrauische Kunde den Gebrauchtwagenhändler.
»Der ist bei uns ganz großartig«, beruhigt der Gebrauchtwagenhändler. »Wer einen Wagen kauft, bekommt gratis den neuesten Fahrplan der Bundesbahn dazu.«

Es sagte der Lehrer:

»Fritzchen, bilde mir einen Satz mit ›ungeachtet‹.«
»Ungeachtet des Autos leben noch zahlreiche Menschen!«

»Bitte reparieren Sie mir vor allem meine Hupe«, bittet Möllner den Automechaniker inständig.
»Aber die Bremsen sind doch auch restlos im Eimer«, gibt der zu bedenken.
Fragt Möllner mit Nachdruck: »Warum, meinen Sie, sollen Sie mir die Hupe reparieren?«

Ein Mann nähert sich einem Auto, in dem ein Pärchen schmust, und klopft diskret an die Scheibe.
»Was geht das hier Sie denn an?« fragt verärgert der junge Mann im Auto. »Sind Sie vielleicht von der Polizei?«
»Nein, aber …«
»Aber was? Ihre Frau ist die Dame ja wohl auch nicht.«
»Nein, aber es ist mein Auto.«

*

Der Wagen überschlägt sich und steht wieder auf seinen vier Rädern.
»Oh, Herbert«, ruft sie begeistert. »Toll, wie du das machst, noch mal, bitte, bitte!«

Es sagte der Autofahrer:

»Ich brauche unbedingt einen neuen Ölmeßstab. Meiner ist zu kurz, er reicht nicht mehr bis zum Öl.«

Eine bezaubernde Dame steht mitten in der Nacht hilflos neben dem Wagen, der am Straßenrand abgestellt ist. Der rechte Hinterreifen hat keine Luft mehr.
Ein Auto hält, ein junger Mann steigt aus und bietet seine Hilfe an. Er wechselt im Schweiße seines Angesichts den Reifen.
»Und wenn ich Sie jetzt bitten dürfte, den Wagenheber ganz langsam hinunterzulassen«, meint die junge Dame, »mein Mann schläft nämlich auf dem Rücksitz …«

Ein Kunde kommt in die Reparaturwerkstatt, um sein schon ziemlich altersschwaches Auto abzuholen.
»Na, Meister, haben Sie sich den Wagen mal gründlich angesehen?«
»Habe ich«, stöhnt der Meister, »an dem Karren gibt es nur ein einziges Teil, das kein Geräusch macht – die Hupe.«

*

Ein Kleinwagen, über und über mit Blumen bemalt, hält an der Tankstelle.
»Was darf's denn sein?« fragt der Tankwart höflich. »Benzin oder Wasser für die Blumen?«

*

Dem verletzten Autofahrer wird nach dem Unfall ein wenig Kognak eingeflößt.
Er murmelt: »Volltanken, bitte.«

**»Ich konnte wirklich nicht
früher kommen.«**

oder

Ein Mann, ein Wort

Reisacher geht zum Arzt. Sagt der nach der Untersuchung: »Tja, mein Lieber, da wird wohl nichts anderes zu machen sein, als daß ich eine Magenspülung vornehme.«
»Aber, Herr Doktor«, meint Reisacher, »kann ich das nicht im Rathauskeller auch selber machen?«

*

Der nicht mehr ganz junge Baron geht zum Arzt.
»Herr Doktor«, vertraut er dem Arzt an, »wir bekommen keine Kinder.«
»Dann müssen wir Ihr Sperma untersuchen«, schlägt der Arzt vor.
»Gut.« Der Baron ist einverstanden. »Soll ich dazu meine Frau mitbringen oder genügt Ihre Sprechstundenhilfe?«

*

»Sie haben sich in der Tür geirrt«, sagt der Arzt zu dem Besucher. »Sie müssen einen Stock tiefer gehen. Ich bin Spezialist für Frauenleiden.«
»Aber deswegen komme ich ja zu Ihnen«, erwidert der Mann. »Ich leide furchtbar unter meiner Frau.«

*

»Das Benzin ist alle«, sagt der junge Mann zu seiner hübschen Mitfahrerin und stoppt den Wagen auf einem einsamen Feldweg.
»Oh«, murmelt sie, öffnet ihre Tasche und holt ein Fläschchen heraus.
»Was ist da drin? Whisky?« fragt er hoffnungsvoll.
Antwortet sie: »Nein, Benzin.«

Kirchberger kommt zum Arzt.

»Was kostet denn eine Schönheitsoperation bei Ihnen?« erkundigt er sich.

»Ungefähr zweitausend Mark in einfachen Fällen.«

Kirchberger bedankt sich und geht.

Am nächsten Tag trifft der Doktor den Kirchberger mit dessen Frau, die wirklich alles andere als hübsch ist. Der Arzt nimmt Kirchberger beiseite und meint: »Also, Kirchberger, ich mach' es für tausend.«

»Vielen Dank, Herr Doktor, aber das ist nicht mehr nötig. Ich habe schon mit einem Jäger geredet, der erschießt sie mir für zweihundert Mark.«

*

»In Rom fahren nur wirkliche Männer ein Taxi«, prahlt der römische Taxifahrer während der Fahrt. »Mit der linken Hand geben wir Zeichen, mit der rechten winken wir den Signorinas.«

»Und wie lenken Sie?« fragt der Fahrgast skeptisch.

»Ich sage Ihnen doch«, ruft der Taxifahrer, »in Rom fahren nur *wirkliche* Männer ein Taxi.«

*

Der alte Herr sitzt beim Arzt und klagt: »Mein Potenz läßt von Jahr zu Jahr nach.«

Der Doktor will ihn beruhigen. »Aber das ist doch völlig normal, der Jüngste sind Sie ja gerade nicht mehr.«

Der alte Herr gibt zu bedenken: »Aber mein Freund ist wesentlich älter und kann noch jeden Tag. Können Sie mir keinen Rat geben?«

Den bekommt er. »Behaupten Sie es halt auch!«

Offensichtlich findet der junge Mann nicht so ganz die richtigen Worte. »Herr Doktor«, sagt er schließlich, »mein Freund war neulich bei einer Nutte, und jetzt fürchtet er, daß er einen Tripper oder etwas Ähnliches hat. Was soll er nur machen?«

»Ach, wissen Sie«, meint der Arzt schmunzelnd, »als erstes ziehen Sie mal den Reißverschluß runter und zeigen mir Ihren Freund.«

*

Die Autobahn ist total verstopft, es geht – wenn überhaupt – nur in mühsamem Schrittempo vorwärts.

Da meint der Mann am Steuer nach einiger Zeit mit einem Gähnen: »Sag mal, Liebling, willst du das Steuer nicht mal für die nächsten hundert Meter übernehmen?«

Es bat der Ehemann:

»Liebling, mach bitte beim Abwaschen die Küchentür zu. Ich kann einfach nicht mit ansehen, wie du dich abrackerst.«

Die kleine Blonde hat sich endlich überreden lassen und auf dem Beifahrersitz Platz genommen. Harald ergreift ihre Hände, blickt ihr tief in die Augen. Sie bebt. Er faßt sich ein Herz.

»Es fällt mir nicht leicht, Claudia, Sie darum zu bitten. Aber wären Sie bereit, mit mir die Benzinkosten zu teilen?«

Das frischvermählte Paar kommt ins Hotel.

»Bitte geben Sie uns das schönste Doppelzimmer für drei Nächte«, sagt der Mann.

Der Portier zwinkert der jungen Dame zu. »Da haben Sie aber großes Glück, mein Fräulein. Sonst nimmt er das Zimmer immer nur für ein paar Stunden.«

*

»Ich weiß nicht, was mit dem Motor los ist«, sagt der Möchtegern-Casanova zu seiner feschen Begleiterin, als der Wagen auf einer einsamen Straße stehenbleibt.

»Da haben Sie aber Glück, daß ich etwas von Autos verstehe«, meint sie. »Passen Sie auf: Sie versuchen mich jetzt zu küssen, ich knalle Ihnen eine, und dann müßte nach meiner Meinung der Wagen wieder anspringen!«

*

Das Brautpaar steht vor dem Pfarrer. Die Trauung ist fast vollzogen. Leichenblaß unterbricht da der Bräutigam den Pfarrer: »Moment! Moment! Wie lange sagten Sie eben?«

*

Der Vater des jungen Bräutigams gibt seinem Sohn noch zwei Ratschläge mit in die Ehe.

»Erstens: Bestehe unbedingt auf einem freien Abend pro Woche, den du mit deinen Freunden verbringen kannst.«

»Klingt vernünftig«, meint der Bräutigam. »Und zweitens?«

»Vergeude diesen Abend bloß nicht mit deinen Freunden!«

Die Ehefrau hat eine Überraschung für ihren Mann.
»Liebling, ich fahre morgen für ein paar Tage zu meiner Mutter. Kann ich noch etwas für dich tun?«
Erklärt er strahlend: »Nein, danke, das genügt!«

*

Der Brautvater sitzt mit seinem zukünftigen Schwiegersohn zusammen und erklärt: »Heute ist der glücklichste Tag in deinem Leben.«
»Heute?« wundert sich der junge Mann. »Ich heirate doch erst morgen.«
Meint der Brautvater vielsagend: »Eben drum!«

*

Die Hochzeitsgäste sind gegangen, das Brautpaar ist endlich allein.
Verliebt flüstert er ihr ins Ohr: »Liebling, woran denkst du jetzt?«
Sie antwortet errötend: »Bestimmt an dasselbe wie du!«
»Prima! Dann laufen wir jetzt in die Küche, und wer dort als erster ankommt, darf das letzte Stück von der Hochzeitstorte essen!«

*

Das Ehebarometer steht auf Sturm.
»Jawohl«, brüllt der Ehemann, »du bist schuld, daß ich meinen Ehering verloren habe!«
»Habe ich ihn dir vielleicht abgezogen?« schluchzt sie.
»Das nicht. Aber ich habe dir seit Wochen gesagt, daß meine Jackentasche ein Loch hat!«

Die junge Ehefrau macht ein unglückliches Gesicht.

»Wir sind erst eine Woche verheiratet, und du kommst schon so spät nach Hause!«

»Ach, weißt du«, meint er, »ich konnte wirklich nicht früher kommen. Ich mußte in der Kneipe doch allen erst einmal genau erzählen, wie glücklich wir sind!«

Es sagte der Ehemann:

»Natürlich liebe ich dich noch mit der gleichen Leidenschaft wie früher. Ich bewege mich nur so langsam, damit die Zigarettenasche nicht ins Bett fällt.«

Ziemlich angeheitert kommt der Ehemann nach Hause.

»Entschuldige, Liebling«, stottert er, »wir haben nur ein kleines Wetttrinken veranstaltet.«

»Das rieche ich«, erwidert sie spitz. »Und wer wurde Zweiter?«

*

»Ich schaffe mir jetzt endlich einen Hausfreund an«, klagt die junge Ehefrau. »Du interessierst dich ja doch nur für deinen Fußball. Du kennst zwar alle Spielergebnisse, aber an das Datum unserer Hochzeit erinnerst du dich nicht mehr!«

»Du irrst dich, Schatz«, protestiert er. »Das war doch der Tag, an dem Deutschland England drei zu zwei geschlagen hat!«

»Liebling, entschuldige, daß ich mich verspätet habe«, ruft die Ehefrau beim Nachhausekommen, »ich war im Schönheitssalon.«
»Schon gut«, knurrt er, »aber warum haben sie dich nicht drangenommen?«

*

Ein Ehepaar besichtigt auf einer Ägyptenreise die Sphinx.
»Warum man wohl von der Weisheit der Sphinx spricht?« meint die Ehefrau nachdenklich.
»Das ist doch klar«, brummt ihr Mann. »Weil sie die einzige Frau ist, die stets den Mund gehalten hat!«

*

Die Ehefrau hat sich etwas einfallen lassen.
»Karl-Heinz, du könntest doch wirklich einmal den Keller aufräumen«, meint sie.
»Aber natürlich, Liebling, das mache ich«, sagt er bereitwillig.
Nach kurzer Zeit kommt er in die Wohnung zurück.
»Was ist denn los?«
»Ach, nichts weiter. Ich habe nur den Korkenzieher vergessen.«

*

Moslers Frau ist durchgebrannt.
»Na, wie geht es dir denn so?« fragt ihn ein Kumpel mitfühlend.
»Ach, jetzt schon wieder ganz normal, aber in den ersten Tagen bin ich vor Freude fast verrückt geworden.«

Die Ehefrau zittert unter der Bettdecke.

»Schatz«, flüstert sie, »als ich noch ein Kind war, hat mich meine Mutter in den Arm genommen und gewärmt, wenn ich fror.«

»Na und?« knurrt der Ehemann. »Erwartest du etwa, daß ich mitten in der Nacht aufstehe und deine Mutter hole?«

*

Die Ehefrau steht oben auf der Leiter und streicht die Zimmerdecke. Der Ehemann sitzt vor dem Fernseher und verfolgt fasziniert das Fußball-Länderspiel.

Da faucht die Ehefrau: »Falls ich hier runterfallen sollte, könntest du dann wohl in der Halbzeit den Krankenwagen rufen?«

*

Die Saufbrüder zwängen sich zu sechst in das Auto.

Lallt einer aus der fröhlichen Runde: »Karl, du mußt fahren – zum Singen bist du zu besoffen!«

*

An einem der Gräber steht ein Mann, und die Tränen laufen ihm übers Gesicht.

»Warum bist du nur gestorben, warum?« sagt er immer wieder.

Eine Friedhofsbesucherin sieht, daß er vor dem Grab eines Mannes steht, und fragt mitleidsvoll: »War es Ihr Bruder oder Ihr Sohn?«

»Nein«, sagt der Mann voller Verzweiflung, »es war der erste Mann meiner Frau!«

»Kennst du die Geräte, die auf Anhieb herausfinden können, ob man lügt?« fragt der Kollege.
Kommt die brummige Antwort: »Allerdings, mit so einem Gerät bin ich seit fünfzehn Jahren verheiratet!«

*

Hugo sitzt mit grimmigem Gesicht vor seinem Bier. Schließlich nimmt er wieder einen Schluck und sagt zu Erwin: »Ich habe einfach genug! Mein Entschluß steht fest. Ich werde mich von der bösartigsten und streitsüchtigsten Frau der Welt scheiden lassen.«
Meint Erwin kopfschüttelnd: »Red doch nicht so einen Blödsinn. Wie kommst du denn dazu, dich von meiner Frau scheiden zu lassen?«

*

Endlich hat die Ehefrau sich ihre ergrauten Haare färben lassen. Alle finden es ausgezeichnet – nur ihr Mann nicht.
»Was hast du nur?« fragt ihn ein Bekannter. »Sie sieht doch jetzt zehn Jahre jünger aus.«
»Eben!« gibt der Ehemann wütend zurück. »Und ich bin derjenige, neben dem sie zehn Jahre jünger aussieht.«

*

Der Kollege hat Probleme mit seiner Ehefrau.
»Es gibt schwierige Fälle, in denen ein Mann seine Frau einfach belügen muß«, meint er achselzuckend.
»Das ginge ja noch«, knurrt sein Gegenüber, »aber es gibt noch schwierigere Fälle, in denen ein Mann seiner Frau einfach die Wahrheit sagen muß!«

Der Kollege wundert sich: »Warum nennst du Erwin immer deinen Kriegskameraden?« will er wissen. »Ihr seid doch wirklich viel zu jung, um im Krieg gewesen zu sein.« »Das schon«, antwortet der andere, »aber wir haben am selben Tag geheiratet.«

*

Die Ehefrau schmiedet eifrig Pläne. »Du, Liebling, bald sind wir fünfundzwanzig Jahre verheiratet. Dann werden wir ganz groß unsere Silberhochzeit feiern!«
Mürrisch antwortet er: »Ja, und wenn wir dann noch fünf Jahre warten, können wir den Dreißigjährigen Krieg feiern ...«

*

»Sie stehen hier schon seit Stunden am Strand und schauen aufs Meer. Warum?«
»Vor vier Stunden habe ich mit meiner Ollen gewettet, wer länger tauchen kann.«
»Und?«
»Sie hat gewonnen ...«

*

Er raucht gemütlich seine Pfeife, sie sitzt neben ihm und strickt.
»Weißt du nicht, daß Tabak ein langsames Gift ist?« fragt sie etwas vorwurfsvoll.
»Geduld, nur Geduld«, antwortet er sanft, »ich kann schließlich nicht Arsen nehmen, nur um dir einen Gefallen zu tun.«

»Ich habe nur Pech in der Ehe«, erzählt Hubmann in der Kneipe seinem Theken-Nachbarn. »Zweimal war ich verheiratet – meine erste Frau starb an giftigen Pilzen und meine zweite an einem Schädelbruch.«
»Wie grauenvoll«, sagt der andere mitfühlend, »wie ist denn das mit Ihrer zweiten Frau passiert?«
»Na ja – sie wollte ihre Pilze nicht essen …«

*

Ein Mann sitzt in der Bar, und je später es wird, desto weniger traut er sich nach Hause zu seiner Frau. Nach mehreren Doppelten kommt ihm eine blendende Idee.
Er greift zum Telefon, und als seine Frau sich meldet, ruft er aufgeregt hinein: »Elfriede, zahl auf keinen Fall das Lösegeld, ich bin ihnen gerade entwischt!«

Es fragte der Spaßvogel:

»Was ist die Höchststrafe für Bigamie? – Zwei Schwiegermütter!«

»Passen Sie bloß auf«, meint der Bauer zum Apotheker. »Also, das eine Mittel ist für meine Frau, das andere für mein krankes Pferd. Verwechseln Sie um Gottes willen nicht die Aufkleber!«
»Keine Sorge!« beruhigt ihn der Apotheker.
»Ich mein' ja auch nur – daß mir um alles in der Welt bloß nichts mit dem Gaul passiert …«

Der Ehemann kommt weit nach Mitternacht von seiner Stammtischrunde nach Hause. Seine Frau empfängt ihn ziemlich wütend.

»Daß du mir überhaupt noch ins Gesicht sehen kannst ...«

Brummt der Spätheimkehrer: »Man gewöhnt sich an alles.«

*

Der Gastgeber erzählt seinen Gästen von den phantastischen Wirkungen der Hypnose. »Bei unserer letzten Safari in Afrika hat uns Hypnose das Leben gerettet. Stellen Sie sich vor, meine Frau und ich haben uns ein paar Schritte vom Lager entfernt, dummerweise ohne Waffen, da jagt ein Löwe auf uns zu. Was sollten wir tun? So starrte ich ihm nur in die Augen und befahl ihm: ›Du darfst meine Frau nicht fressen ... Du darfst meine Frau nicht fressen ...‹, so lange, bis der Löwe die Augen abwandte, den Schwanz einzog und mit einem Satz im Gebüsch verschwand.«

In diesem Augenblick öffnet sich die Tür, und die Frau des Gastgebers erscheint endlich.

Einen Moment herrscht Schweigen, dann fragt einer der Gäste: »Und warum sollte der Löwe sie nicht fressen?«

*

Krause weigert sich, zur Beerdigung der vierten Frau seines Kollegen zu gehen.

»Das kannst du nicht machen«, wendet seine Frau ein.

»Du warst beim Begräbnis seiner ersten drei Frauen doch auch dabei.«

»Stimmt, das ist es ja«, sagt Krause, »aber allmählich wird es mir peinlich, daß ich keine Gegeneinladung aussprechen kann.«

»Du bist ja vollkommen betrunken«, zischt sie ihren Mann angewidert an. »Eine Woche lang hast du keinen Alkohol angerührt, und ich war so glücklich. Und jetzt …«
»Und jetzt«, lallt er mit verklärtem Gesicht, »bin ich wieder dran, glücklich zu sein.«

Es fragte die Ehefrau:

»Wenn ich mal sterbe, heiratest du dann gleich wieder?«
»Um Gottes willen, nein, dann erhole ich mich erst einmal!«

Der ältere Herr steht vor dem Spiegel und betrachtet seine Männlichkeit.
»Na, mein Kleiner, wir haben beide doch schon so manche schöne Nacht verbracht, was?«
Tönt die Ehefrau aus dem Nebenzimmer: »Ja, und deshalb hängt er wohl auch so an dir …«

*

Die Freunde fragen den sturzbetrunkenen Silberbräutigam:
»Was ist denn bloß los mir dir?«
»Ach«, meint dieser, »als ich fünf Jahre verheiratet war, ging ich zum Anwalt und sagte ihm, daß ich meine Frau am liebsten umbringen würde. Er hat mich davon abgebracht; es hätte mich zwanzig Jahre gekostet. Und, Jungs, stellt euch vor – heute wäre ich ein freier Mann!«

Nach der Beerdigung sitzt der Witwer einsam in seinem Wohnzimmer, neben sich eine Flasche Kognak. So trifft ihn der Pfarrer an, der dem Leidgeprüften Trost zusprechen will.

Argwöhnisch blickt der Seelsorger auf die Flasche und fragt: »Ist das etwa Ihr einziger Trost?«

»Nein, nein, Herr Pfarrer«, versichert der Witwer, »Sie können ganz beruhigt sein, ich habe noch zwei Flaschen im Keller.«

*

Oskars Frau soll beerdigt werden. Alle Trauergäste sind schon da, nur der Witwer fehlt. Nach langem Suchen finden sie ihn endlich im Schlafzimmer beim Liebesspiel mit dem Kindermädchen.

Helle Empörung. »Deine Frau ist noch nicht einmal unter der Erde, und du vergnügst dich hier mit dieser Person!«

»Seht ihr«, meint Oskar, »ich weiß in meinem Schmerz schon gar nicht mehr, was ich tue!«

*

Der Herr des Hauses hat einen vergnügten Abend verbracht. Er wankt nach Hause und läßt sich ins Bett fallen. Seine Gattin will ihm einen Streich spielen. So nimmt sie ein kleines rotes Schleifchen und windet es ihm um das, was ihn zum Mann macht.

Am anderen Morgen wacht er benommen auf. Plötzlich erblickt er das rote Schleifchen und murmelt vor sich hin: »Daß ich gestern abend mit dem Kegelverein im Eros-Center war, das weiß ich. Aber daß ich einen Preis gewonnen habe, das ist mir völlig entfallen!«

Völlig erschöpft kommt die Fabrikantengattin nach Hause und sagt zu ihrem Mann: »Du mußt unbedingt den Chauffeur hinauswerfen. Zweimal hat er mich heute fast getötet.« Ihr Mann zuckt nur mit den Schultern und sagt gelangweilt: »Gib ihm noch eine Chance.«

*

Zwei Männer spielen Golf. Als ein Trauerzug vorbeikommt, nimmt der eine seine Mütze ab und verharrt ein paar Sekunden völlig regungslos.
»Das war aber eine nette Geste von Ihnen«, sagt der andere.
»Was heißt hier Geste?« antwortet der erste besinnlich. »In ein paar Tagen wären wir schließlich fünfundzwanzig Jahre verheiratet gewesen.«

*

Merkler versucht völlig vergeblich, seinen Kollegen etwas aufzumuntern. Schließlich fragt er ihn: »Warum so trübsinnig?«
»Ach«, seufzt der Kollege, »ich wollte meinen Kummer ertränken, aber ich konnte meine Frau nicht dazu bringen, ins Wasser zu gehen.«

*

Bernheimer liegt im Sterben. Seine Ehefrau sitzt am Bett und schluchzt: »Ach, Gottfried, ich werde dir bestimmt bald folgen!«
Da richtet sich Bernheimer mit letzter Kraft auf und flüstert beschwörend: »Das eilt nicht, Elvira, laß dir nur Zeit!«

Als das Ehepaar goldene Hochzeit feiert, sagt der Jubelgreis in vorgerückter Stunde zu seinen Schwiegersöhnen:

»Ja, ja, meine Lieben, ich habe in meinem Leben vielen Ehemännern Hörner aufgesetzt.«

Da meint die Jubilarin mit mildem Lächeln: »Ich nur einem einzigen!«

Es fragte der Kollege:

»Warum wollen Sie sich denn scheiden lassen?«
»Weil meine Frau jede Nacht durch die Kneipen der Stadt zieht.«
»Ist sie Alkoholikerin?«
»Nein – sie sucht mich …«

Ein Mann liegt in sehr kritischem Zustand im Krankenhaus und sagt zu seiner Frau: »Wenn ich sterbe – schwöre mir, daß du dann meinen Teilhaber heiratest.«

»Aber ich denke, den haßt du so«, wundert sich die Ehefrau.

Seufzt der Schwerkranke: »Eben drum!«

*

Der Richter schüttelt ungläubig den Kopf. »Sie wollen also behaupten, Sie wären zu dieser Straftat verführt worden?«

»Ja, Herr Vorsitzender«, versichert der Angeklagte, »meine Frau hat mir versprochen, wenn ich ins Gefängnis komme, läßt sie sich scheiden.«

Lächelnd geht der Ehemann hinter dem Sarg seiner Frau her.

Einer der Trauergäste hält ihm vor: »Sag mal, deine Frau ist gestorben, und du bist so vergnügt?«

Erklärt er versonnen: »Ja, das ist das erste Mal, daß wir beide zusammen ausgehen und uns dabei nicht streiten!«

*

Die Freunde sitzen beim Bier zusammen.

»Hast du dich wieder mit deiner Frau versöhnt?«

»Wie kommst du denn darauf?«

»Na, gestern habt ihr doch einträchtig nebeneinander Holz gehackt.«

»Unsinn, wir haben die Möbel geteilt!«

Es verteidigte sich der Ehemann:

»Aber Liebling, du weißt doch, daß ich dich nicht betrüge! Höchstens mit einer Frau, die es besser macht als du. Und das weiß ich doch immer erst nachher.«

Zwei ehemalige Arbeitskollegen treffen sich, und der eine verkündet ganz stolz: »Ich habe mich vor kurzem selbständig gemacht.«

Der andere ist beeindruckt. »Toll! Auf welchem Gebiet?«

»Ich habe mich scheiden lassen.«

Bachhuber trifft in einer Bar seinen Hausarzt.

»Sagen Sie mal«, wundert sich der Doktor, »dauernd verlangen Sie von mir Schlafmittel, und jetzt sehe ich Sie schon zum drittenmal in einem Nachtlokal!«

»Das ist kein Widerspruch«, erklärt Bachhuber grinsend. »Die Schlaftabletten sind ja auch für meine Frau!«

*

Der Patient kann keine Nacht mehr richtig schlafen. »Herr Doktor, können Sie mich von meiner Schlaflosigkeit heilen?«

»Kein Problem. Wir müssen nur die Wurzel des Übels beseitigen.«

Der Patient nickt nachdenklich. »Ich fürchte, das wird nicht leicht sein. Meine Frau hängt sehr an dem Baby.«

Es sagte der Ehemann:

»Seit der Trennung von meiner Frau wird jeder jetzt notwendige Verkehr durch unseren Rechtsanwalt erledigt!«

Karl-Heinz hat vor dem Gerichtsgebäude auf seinen Freund gewartet und fragt jetzt begierig: »Na, hast du es geschafft? War die Scheidung schwierig?«

Der andere macht ein fröhliches Gesicht. »Nein, überhaupt nicht. Der Richter war doch der erste Mann meiner Frau!«

»Du siehst gar nicht gut aus«, sagt Klaus zu Erwin.

»Weiß ich«, seufzt Erwin. »Ich war auch schon beim Arzt, und der meinte, ich müßte mehr Grünzeug essen. Seitdem trinke ich jeden Tag meinen Martini mit zwei grünen Oliven.«

*

Ein Mann betritt das Behandlungszimmer des Augenarztes und nimmt dabei die Brille ab.

»Na, wo fehlt's denn?« fragt ihn der Arzt. »Ist die alte nicht mehr scharf genug?«

»Was geht Sie meine Frau an«, sagt der Mann, »ich brauche eine neue Brille!«

*

Bei der Beerdigung gebärdet sich der Hinterbliebene vor der Verwandtschaft wie von Sinnen.

»Meine geliebte Frau!« schreit er. »Warum läßt du mich allein? Ich kann nicht leben ohne dich! Herr, erfülle mir eine Bitte, laß sie wiederkommen!«

In diesem Augenblick rührt sich am Fuß des Grabes, in das der Sarg soeben versenkt wurde, ein Maulwurf.

Erschreckt bleibt der Wehklagende stehen, tritt verstohlen mit dem Fuß auf die sich bewegende Erde und zischt:

»Ein bißchen scherzen wird man ja wohl noch dürfen, oder?«

»Wir werden jetzt beide sparen.«

oder

Geld ist genug da,
man muß es nur haben

Mitten in der Nacht wird der Arzt zu einer Patientin gerufen. Wegen einer Lappalie, wie sich herausstellt.

»Daß Sie so spät noch gekommen sind, Herr Doktor, das rechne ich Ihnen aber hoch an«, sagt die Patientin nach der Untersuchung.

»Ich Ihnen auch«, erwidert freundlich der Arzt.

*

Der Verletzte droht dem Unfallfahrer an: »Ich werde mein Bein nie wieder richtig gebrauchen können, es ist restlos steif. Ich verlange fünfzigtausend Mark von Ihnen.«

»Fünfzigtausend? Glauben Sie denn, ich bin Millionär?« empört sich der Autofahrer.

»Na, und ich? Halten Sie mich etwa für einen Tausendfüßler?«

*

»Paul!« schreit die Frau am Steuer ihrem Ehemann verzweifelt zu. »Die Bremsen versagen!«

Meint er besonnen: »Fahr gegen was Billiges!«

*

»Ich will mit meiner Frau zehn Tage Urlaub in Paris machen«, sagt Maierhofer im Reisebüro. »Was wird das kosten, alles in allem?«

»Etwa zweitausend Mark«, sagt der Reisebüroangestellte.

»Oh«, meint Maierhofer bedauernd, »dann muß ich wohl allein fahren.«

»In diesem Fall«, erwidert der Urlaubsspezialist, »sollten Sie mit dreitausend Mark rechnen.«

Alter Herr und junger Schnösel suchen einen Parkplatz. Zufällig wird einer frei, der Junge in seinem Sportwagen ist schneller; blitzschnell schiebt er sich vor und parkt ein. Hämisch ruft er dem Alten zu: »Wenn man jung und schnell ist, ist das kein Problem.«

Da gibt der alte Herr in seiner Luxuslimousine Gas und verwandelt den Sportwagen in einen Haufen Schrott, schiebt ihn aus der Parklücke und ruft dem jungen Schnösel zu: »Wenn man alt und reich ist, ist das kein Problem!«

*

Die Ehefrau will ihrem Mann den Rücken stärken und sagt: »Wenn der Vollstreckungsbeamte kommt, zeigst du ihm aber die Zähne!«

Der Ehemann wehrt erschrocken ab. »Um Gottes willen, bloß nicht, sonst nimmt er die auch noch mit!«

*

Das junge Paar verbringt auf seiner Hochzeitsreise die erste Nacht in einem kleinen Hotel. Am nächsten Morgen sagt der Besitzer: »Für einmal macht das achtzig Mark.«

Der junge Mann murmelt etwas von unverschämten Preisen und legt fünfhundertsechzig Mark hin.

*

Der Ehemann erklärt seiner Frau: »Ich habe vorgesorgt und eine Lebensversicherung über hunderttausend Mark abgeschlossen.«

»Lieb von dir, Schatz«, meint sie. »Jetzt brauchst du wenigstens auch nicht mehr wegen jeder Kleinigkeit zum Arzt.«

Der Arzt beglückwünscht einen Patienten, der gesund geworden ist.

»Sie haben es nur Ihrer kräftigen Natur zu verdanken, daß Sie so schnell über die Krankheit hinweggekommen sind.«

Darauf der Patient: »Na, Herr Doktor, hoffentlich werden Sie das aber auch bei der Rechnung berücksichtigen!«

*

Schmidhuber hat sein Auto in die Werkstatt gebracht. Als er es abholt, liest er sich ganz genau die Reparaturrechnung durch und schüttelt fassungslos den Kopf.

»Haben Sie noch Fragen, Herr Schmidhuber?« fragt ihn der Meister freundlich.

»Nur eine«, meint Schmidhuber erschüttert. »Ist das nun die Rechnung für die Reparatur meines Autos oder das Angebot für einen Neuwagen?«

Es sagte der Chirurg:

»Sie können sich doch sicher denken, daß wir alle Vorsichtsmaßnahmen vor einer Operation treffen.«
»Ich verstehe, Sie verlangen also Vorausbezahlung!«

Die junge Ehefrau kommt selig in die Wohnung gestürzt, läßt acht Pakete auf das Sofa fallen und umarmt ihren Mann.

»Schatz«, ruft sie hingerissen, »ich wußte ja gar nicht, daß du überall so viel Kredit hast!«

An einer Tankstelle fährt ein klappriges altes Auto vor.
»Zwanzig Liter Normal, bitte«, sagt der Fahrer.
Der Tankwart schaut sich nachdenklich den Wagen an und fragt dann: »Wollen Sie wirklich noch so viel in das Auto investieren?«

*

Haushaltsdebatte im Bundestag. Der Finanzminister ersucht das Parlament, den Etat seines Ressorts zu erhöhen. Er begründet dies: »Wir brauchen dringend mehr Mittel, um eine Abteilung einzurichten, die den ganz speziellen Auftrag haben soll, neue Pläne für Sparmaßnahmen zu erarbeiten.«

*

Der Patient liegt auf dem Operationstisch, alle stehen bereit, nur der Chefarzt fehlt noch.
Endlich geht die Tür auf, der Chef kommt und gibt dem Narkosearzt einen Wink:
»Wir können anfangen, der Scheck ist gedeckt!«

*

Nach der standesamtlichen Trauung erkundigt sich der Stammtischbruder bei dem Bräutigam: »Was hast du denn dem Standesbeamten gegeben?«
»Zwanzig Mark«, erwidert der Bräutigam.
»War er damit zufrieden?«
»Ich glaube schon«, meint der Bräutigam nachdenklich. »Aber er hat mir nach einem langen Blick auf meine Frau wieder zehn Mark zurückgegeben.«

Auf dem Nachhauseweg vom Büro fragt der Freund:
»Wieso bist du denn heute so gut gelaunt? Hast du im Lotto gewonnen?«
»Nein, aber ich habe für meine Frau endlich einen blauen Papagei bekommen!«
Der Freund stößt einen Pfiff aus. »Das war aber ein wirklich guter Tausch!«

*

Ein Luxus-Callgirl macht ihre Einkommensteuererklärung für das Finanzamt und gibt ein Jahreseinkommen von hundertzwanzigtausend Mark an.
Das Finanzamt hat noch eine Rückfrage: Der zuständige Finanzbeamte schreibt: *Bitte füllen Sie aus, ob Sie im vergangenen Jahr mehr als einen Arbeitgeber hatten, und wenn ja, wie viele.*
Schreibt sie zurück: *Etwa fünfhundert.*

*

Ein Schotte wird von einem Auto angefahren. Er bleibt unverletzt. Trotzdem drückt ihm der Fahrer eine Zehnpfundnote als Schmerzensgeld in die Hand.
Erfreut erkundigt sich der Schotte: »Kommen Sie öfter hier vorbei, Sir?«

*

Herr Doktor, ich komme, um Ihnen meinen innigsten Dank auszusprechen.«
»Oh – im Moment erinnere ich mich nicht an Sie – sind Sie Patient oder Erbe?«

Otto ist sein nagelneues Auto gestohlen worden. Und Otto ärgert sich nicht einmal. Ganz im Gegenteil. Er reibt sich die Hände und sagt fröhlich:
»Der Kerl wird Augen machen, wenn er merkt, daß noch achtundvierzig Raten zu zahlen sind.«

*

Achtzig ist der Opa; jetzt läßt er sich vom Arzt untersuchen.
»Alles bestens in Ordnung«, sagt dieser. »Und wie steht es mit Ihrer Potenz?«
»Gut«, sagt der alte Herr lächelnd, »zahlen kann ich immer.«

Es stöhnte der Autofahrer:

»Schrecklich, das Benzin ist schon wieder teurer geworden!«
»Das macht mir nichts aus – ich tanke sowieso immer nur für zwanzig Mark.«

Ein Mann kommt zum Fundbüro.
»Ist hier ein Fünfzigmarkschein abgegeben worden?« erkundigt er sich.
»Nein«, der Beamte schüttelt den Kopf, »nur ein Hundertmarkschein.«
»Na, das macht nichts«, meint der Mann, »ich kann fünfzig Mark rausgeben.«

Bestürzt sieht der Empfangschef des Hotels, wie die blutjunge Ehefrau nach der Hochzeitsnacht die Treppen heruntergewankt kommt und sich durchs Foyer schleppt. Sie sieht aus wie ein geschlagener Boxer nach fünfzehn Runden.

»Um Gottes willen, was ist denn passiert?«

»Schnell«, keucht sie, »ich brauche die nächste Maschine nach Hause!«

»Dachte ich mir gleich«, murmelt der Empfangschef, »bei dem Altersunterschied!«

»Aber Sie mißverstehen das«, schluchzt sie, »mein Mann hat nur behauptet, er hätte sein Leben lang für seine künftige Frau gespart!«

»Na und? Warum sind Sie dann so in Panik?«

»Na ja, ich dachte da mehr an Geld und nicht an die Hochzeitsnacht!«

*

Der Arzt glaubt sich verhört zu haben. »Was, Sie können nur hundert Mark für die Behandlung zahlen?«

Der Kranke nickt.

»Tut mir leid. Dafür kann ich höchstens Ihr Röntgenbild retuschieren.«

*

»Hören Sie mal«, sagt der Bürgermeister vorwurfsvoll zu dem bestverdienenden Geschäftsmann der Gemeinde. »Ihr Sohn hat für den Bau der neuen Schule dreitausend Mark gespendet – und Sie wollen nur hundert Mark beisteuern?«

»Mein Sohn kann sich das ja auch leisten«, erwidert der Geschäftsmann, »er hat eben einen sparsamen Vater!«

Ein berühmter Professor hat einen reichen Patienten wieder gesund gemacht.

»Herr Professor, ich weiß gar nicht, wie ich Ihnen danken soll!«

Der Professor sieht da keine Probleme. »Seit die Phönizier das Geld erfunden haben«, gibt er zu bedenken, »hat diese Frage eigentlich ihren Sinn verloren.«

Es stand in der Zeitung:

Auf der Straße Glasgow–Edinburgh kollidierten zwei Taxis. Alle zwanzig Schotten wurden verletzt.

Bei der Eignungsprüfung für die Beamtenlaufbahn wird ein Bewerber gefragt: »Jemand kauft eine Ware für sechsundzwanzig Mark dreißig und verkauft sie für dreiundzwanzig Mark neunzig weiter. Hat er da Verlust oder Profit gemacht?«

Der Kandidat: »Bei den Märkern hat er etwas verloren, aber bei den Pfennigen hat er enorm gewonnen.«

*

Der Arzt schaut den Patienten nachdenklich an. »Wenn wir nun eine komplizierte Operation für dringend erforderlich hielten, können Sie sich die denn leisten?«

»Gegenfrage, Herr Doktor, wenn ich sie mir nicht leisten kann, würden Sie die Operation dann noch für dringend erforderlich halten?«

»Sei geduldig mit mir«, sagt die Braut in der Hochzeitsnacht zu ihrem Mann, »ich werde etwas Zeit brauchen, um mich daran zu gewöhnen, daß ich für diese Dienste von jetzt an auf den schönen Zaster verzichten muß!«

*

»Hören Sie, Herr Doktor, Sie berechnen zweihundert Mark dafür, daß Sie mir einen Zahn gezogen haben. Ist das nicht ein reichlich hoher Betrag?« beschwert sich die Patientin äußerst angriffslustig.
»Nein, bestimmt nicht«, versichert der Dentist. »Sie haben ja so gellend geschrien, daß drei Patienten mein Wartezimmer fluchtartig verlassen haben!«

*

Das junge Ehepaar ist auf Wohnungssuche.
»Die Küche ist zwar etwas klein«, sagt der Wohnungsmakler, »aber für eine Mahlzeit pro Tag reicht sie sicher aus.«
Die beiden wundern sich. »Warum nur für eine?«
Der Makler zuckt die Achseln. »Mehr können Sie sich bei dieser Miete ja doch nicht leisten!«

*

»Was kostet die Fahrt zum Hauptbahnhof?« fragt der Mann.
»Zwölf Mark«, erwidert der Taxifahrer.
»Und das Gepäck?«
»Das kostet selbstverständlich nichts.«
»Gut«, meint der Mann schnell entschlossen, »dann fahren Sie das Gepäck, und ich komme nach.«

Nach der Untersuchung eröffnet der Arzt seinem Patienten: »Tut mir leid, Sie haben schätzungsweise nur noch ein halbes Jahr zu leben.«

»Ausgeschlossen«, stöhnt der Mann. »Ich bin nicht versichert und kann unmöglich in so kurzer Zeit genügend Geld zusammenbringen, um Ihre Rechnung zu bezahlen.«

»Na schön«, brummt der Mediziner, »dann eben neun Monate!«

*

»Warum willst du denn heute abend noch zum Tanken fahren?« wundert sich die Ehefrau.

Brummt ihr Mann: »Um morgen wenigstens zum Benzinpreis von gestern fahren zu können!«

*

Mitternacht in einem kleinen Ort.

Lautes Klopfen an der Haustür weckt den Landarzt. Schlaftrunken fragt er:

»Was gibt's?«

»Was verlangen Sie für einen Krankenbesuch auf einem Bauernhof, ungefähr sieben Kilometer von hier?«

»Fünfzig Mark.«

»Okay, dann kommen Sie schnell.«

Der Arzt zieht sich an, greift nach seiner Tasche, holt das Auto aus der Garage und läßt sich von seinem nächtlichen Besucher zu dem abgelegenen Hof lotsen.

»Hier sind die fünfzig Mark.«

»Und wo ist der Kranke?«

»Es gibt hier gar keinen Kranken. Aber ich konnte beim besten Willen um diese Zeit kein Taxi mehr auftreiben!«

Beim Abendessen seufzt sie: »Liebling, wir müssen unbedingt ein neues Bankkonto eröffnen.«
»Warum denn das?« will er wissen.
»Weil auf dem alten kein Geld mehr ist.«

*

Der berühmte Chirurg fordert sechstausend Mark für die Operation. Das ist dem Patienten zu teuer.
»Nehmen Sie doch meinen Assistenten«, schlägt der Professor vor, »der operiert Sie für dreitausend Mark.«
»Nein, nein, Herr Professor«, wehrt der Patient ab, »ich möchte mich nur Ihrer ruhigen Hand anvertrauen. Wie wäre es denn mit Ratenzahlungen?«
»Lieber Freund«, meint da der Professor, »wie soll ich eine ruhige Hand haben, wenn ich um mein Geld zittern muß?«

Es fragte der Inspektor:

»Haben Sie schon gehört, Herr Regierungsrat, daß in unserem Amt neue Sparmaßnahmen geplant sind?«
»Meine Güte, was das wieder kosten wird!«

Dicke Luft am Eßtisch. Der Ehemann stochert im Essen.
»Wann wirst du endlich so gut kochen können wie deine Mutter?« mault er.
»Wenn du«, entgegnet sie ungerührt, »so viel Geld verdienst wie mein Vater.«

Zwei Professoren werden an das Krankenbett eines Sterbenden gerufen.

»Da ist nichts mehr zu machen«, sagt der eine leise zum anderen.

»Und Honorar werden wir von diesem armen Teufel auch nicht mehr sehen«, seufzt der andere.

Da schlägt der Todkranke die Augen auf und flüstert: »Entschuldigen Sie vielmals, daß ich über meine Verhältnisse sterbe!«

Es sagte die Ehefrau:

»Immer sagst du, daß das Geld nichts mehr wert ist, und dann machst du ein Mordstheater, wenn ich welches ausgebe!«

»Womit habe ich das nur verdient«, seufzt der ehrliche Beamte jedesmal, wenn er seine Gehaltsabrechnung in Empfang nimmt …

*

»Ich kann leider im Augenblick die Behandlung nicht bezahlen«, sagt der Patient zum Doktor, »statt dessen habe ich Sie in meinem Testament bedacht. Sind Sie damit einverstanden?«

»Selbstverständlich«, meint der Arzt, »aber geben Sie mir bitte noch mal das Rezept, ich werde Ihnen dann doch etwas anderes verschreiben.«

Ein Arzt und ein Anwalt sind zu einer Gesellschaft eingeladen. Die Gastgeberin belegt den Arzt sogleich mit Beschlag und liefert ihm einen lückenlosen Bericht über ihre zahlreichen Wehwehchen. Geduldig gibt ihr der Arzt Ratschläge.

Später sagt er zum Anwalt: »Dafür müßte ich ihr eigentlich eine Rechnung schicken, was meinen Sie?«

»Unbedingt«, rät der Anwalt.

Zwei Tage später bekommt der Arzt eine Honorarforderung für Beratung – vom Anwalt.

Es schimpfte der Ehemann:

»Ständig kaufst du Sachen, die wir nicht brauchen, für Geld, das wir nicht haben, um Leute damit zu beeindrucken, die wir überhaupt nicht kennen!«

Im Postamt kauft eine Frau gleich mehrere Bögen Briefmarken. Dem Postbeamten erklärt sie strahlend: »Ja, ich decke mich noch mal ein, bevor ihr wieder die Preise erhöht!«

*

Nach einem heftigen Ehekrach kommt er reumütig nach Hause und sagt: »Komm, laß uns den Mantel des Vergessens darüber decken!«

Noch immer leicht schmollend fragt sie: »Nerz oder Persianer?«

Eine alte Frau hat kein Geld mehr und schreibt an den lieben Gott: *Bitte, lieber Gott, schick mir doch hundert Mark.* Der Brief landet zufällig beim Finanzamt, und die Beamten sammeln Geld. Siebzig Mark kommen zusammen und werden der alten Frau geschickt.

Sie bedankt sich beim lieben Gott: *Ich danke dir herzlich für die hundert Mark. Aber wenn du Geld schickst, nicht über das Finanzamt, die haben dreißig Mark abgezogen.*

*

Das Ehepaar steht vor einem eleganten Pelzgeschäft. Sie seufzt beim Anblick eines wunderschönen Persianermantels.

»Dieser Pelz ist ja ein Traum. Den möchte ich haben!«

Brummt er unwillig: »Dann hättest du als Karakulschaf auf die Welt kommen müssen!«

*

Ein berühmter Professor sucht einen jungen Arzt auf und bittet ihn um eine Untersuchung und Behandlung.

»Nanu, Herr Professor«, staunt der junge Kollege, »weshalb behandeln Sie sich nicht selbst? Sie sind doch eine Koryphäe!«

»Ich habe auch schon daran gedacht«, erwidert der Professor, »aber ich bin zu teuer!«

*

»Schatz«, sagt die junge Ehefrau bestimmt, »wir werden jetzt beide sparen. Deswegen wirst du ab sofort das Trinken aufgeben, und ich werde dir das Rauchen abgewöhnen!«

Am frühen Nachmittag bekommt die hübsche Ehefrau Besuch vom Freund ihres Mannes. Unverblümt bietet er ihr fünfhundert Mark für ein Schäferstündchen. Fünfhundert Mark sind viel Geld, und sie willigt ein.
Abends wird sie von ihrem Mann gefragt: »Sag mal, war der Ludwig eigentlich heute hier?«
Sie wird nervös. »Ja. Warum fragst du?«
»Er wollte heute die fünfhundert Mark zurückbringen, die ich ihm geliehen hatte.«

Es jammerte die Ehefrau:

»Du hast mich nur geheiratet, weil ich ein bißchen Vermögen habe.«
»Das stimmt nicht, Schatz. Ich hätte dich auch geheiratet, wenn du sehr viel Vermögen gehabt hättest.«

Ganselmann schimpft auf dem Finanzamt: »Ihr zieht doch den Leuten das letzte Geld aus der Tasche!«
»Das stimmt nun aber wirklich nicht«, wehrt sich der Finanzbeamte. »In der Regel werden die Steuern bargeldlos überwiesen!«

*

Seit drei Tagen redet Frau Lehmann ihren Mann mit »Schatzi« an.
Knurrt er: »Es scheint sich diesmal wohl um ein größeres Objekt zu handeln.«

Schluchzend sagt sie zu ihrem Mann: »Du liebst mich nicht mehr. Du siehst, daß ich weine, und fragst nicht einmal, warum.«

»Tut mir leid, mein Schatz«, erwidert er, »aber diese Frage hat mich schon zu viel Geld gekostet!«

*

Der reiche Fabrikant steht kurz vor dem Konkurs und beschließt Sparmaßnahmen.

»Liebling, wenn du ab heute selber putzt und kochst, können wir zwei Angestellte sparen.«

»Gern«, sagt sie. »Und wenn du endlich bumsen lernst, können wir den Chauffeur auch entlassen.«

*

Zwei Freunde haben sich zum Frühschoppen getroffen. Sagt der eine: »Du, ich bin restlos pleite. Ich habe mich scheiden lassen, und das war viel teurer als damals die Hochzeit!«

»Na ja«, meint der andere tröstend, »dafür hast du aber auch viel länger Freude dran!«

*

Der Scheidungsanwalt bespricht mit seiner Klientin das Für und Wider der von ihr gewünschten Scheidung.

»Aber irgend etwas muß doch an Ihrem Mann auch positiv gewesen sein, als Sie ihn damals heirateten«, gibt er zu bedenken.

»Ja, das schon«, gibt die Ehefrau zu, »aber wir haben es bis auf den letzten Pfennig verbraucht!«

»Ich bekomme von meinem Mann jeden Monat zwei-tausendfünfhundert Mark«, verkündet die Freundin.
»Toll! Und nur als Haushaltsgeld?«
»So nun auch wieder nicht. Fünfhundert Mark gibt er mir bar, und für zweitausend Mark bekomme ich Ratschläge, was ich mit den fünfhundert Mark alles kaufen soll.«

Es fragte der Finanzbeamte:

»Wieviel Geld brauchen Sie im Monat zum Leben?«
»Woher soll ich das wissen – so viel hatte ich noch nie!«

Der Haussegen hängt wieder einmal schief. Die Ehefrau faucht ihren Mann böse an: »Ich habe dir die besten Jahre meines Lebens gegeben!«
Schreit er empört zurück: »Dafür hast du auch die besten Seiten meines Scheckheftes bekommen!«

*

Der ehrliche Finder kommt sich sehr ungerecht behandelt vor.
»Großzügig sind fünfzig Mark Finderlohn ja nicht gerade«, murrt er. »In der Brieftasche waren doch immerhin fünf-tausend Mark!«
»Na, hören Sie mal«, weist ihn der Beamte zurecht, »Sie müssen doch froh sein, daß der Mann die Brieftasche über-haupt verloren hat!«

Koller will den Urlaub mit seiner Frau an der Nordsee verbringen. Vollbeladen mit Gepäck steht er im Bahnhof, wartet, bis er am Fahrkartenschalter an der Reihe ist. Er löst eine Rückfahrkarte und eine einfache Fahrkarte.

Verwundert schaut ihn seine Frau an. »Für wen ist denn die einfache Karte?«

»Für dich.«

»Aber ich brauche doch auch eine Rückfahrkarte.«

»Wer weiß«, brummt Koller. »Schwimmen kannst du nicht, passieren kann immer etwas, und ich kann mein Geld ja nicht zum Fenster hinauswerfen.«

*

Der Ehemann überrascht seine Frau bei eindeutiger Liebelei mit dem Briefträger.

»Du dumme Pute!« brüllt er sie an. »Bist du noch zu retten? Du treibst es mit dem Postboten, und beim Metzger haben wir über fünfhundert Mark Schulden!«

*

Wolter überrascht bei seinem Abendspaziergang einen Mann, der sich offensichtlich gerade von einer Brücke ins Wasser stürzen will. Im letzten Moment kann Wolter den Mann zurückreißen.

»Warum wollen Sie das tun?« fragt er entsetzt.

»Wegen der Steuer«, schluchzt der andere.

»Nun verlieren Sie mal nicht gleich die Nerven«, redet ihm Wolter gut zu. »Kommen Sie, reden wir mal in aller Ruhe darüber.«

Nach einer Stunde reicht Wolter dem Mann die Hand und sagt: »Also los, wir springen gemeinsam runter!«

Zwei Stammtischbrüder führen ein tiefschürfendes Finanz-gespräch.
»Ich verstehe gar nicht, wie die Post ihr Geld verdient. Sie verkauft doch zum Beispiel eine Sechzig-Pfennig-Brief-marke für sechzig Pfennig. Wo bleibt da der Gewinn?« überlegt der eine.
Der andere muß eine Zeitlang nachdenken. Dann hat er es.
»Ganz einfach. Ein Brief für eine Mark darf fünfzig Gramm wiegen. Die meisten Briefe wiegen aber weniger, und daran verdient die Post ihr Geld.«

*

Der Geschäftsmann schildert dem Finanzbeamten seine Si-tuation so dramatisch wie möglich.
»Ich versichere Ihnen, ich habe nichts zu versteuern, mein Geschäft geht so schlecht, seit Jahren zahle ich praktisch nur noch drauf!«
Erkundigt sich der Finanzbeamte: »Ja, aber warum haben Sie es dann noch nicht aufgegeben?«
Meint der Geschäftsmann kopfschüttelnd: »Und wovon sollte ich dann leben?«

*

Ein ziemlich geiziger Zeitgenosse muß wegen einer Blind-darmoperation ins Krankenhaus. Als er aus der Narkose wieder aufwacht, erklärt ihm der Arzt:
»Es ist alles gut verlaufen. Seien Sie aber in den nächsten Tagen etwas vorsichtig, damit die Naht nicht reißt.«
Da brummt der Patient vor sich hin: »Das habe ich gerne – einen Haufen Geld für die Operation verlangen, und für anständigen Zwirn langt es nicht!«

Das Festessen ist in vollem Gange, als der Vollstreckungs-
beamte vor der Tür steht. Er läßt sich nicht abwimmeln.
Nach einem langen Blick auf die köstlich duftende gebra-
tene Gans meint er vorwurfsvoll: »Das hab' ich gern, keine
Steuern zahlen, aber gebratene Gänse essen!«
»Ja, wissen Sie, wir hatten keine andere Wahl«, meint der
Hausherr mit Leidensmiene, »wir konnten das Tier nicht
mehr ernähren!«

*

Daxberger hat Neuigkeiten für seinen Internisten. »Herr
Doktor, ich habe mich entschlossen, Vegetarier zu wer-
den.«
»Was Sie nicht sagen, warum denn das?«
»Nun, bei meinem Gemüsehändler habe ich noch Kredit,
beim Metzger nicht mehr.«

*

Altmann wohnt bei einer Perle von Wirtin. Als er abends
nach Hause kommt, berichtet sie: »Der Vollstreckungsbeamte hat heute wieder nach Ihnen gefragt.«
»Na, und haben Sie gesagt, daß ich nach Afrika abgereist
bin?« vergewissert sich Altmann.
»Ja, genau wie Sie es mir aufgetragen haben, Herr Altmann.
Und dann habe ich ihm auch noch gesagt, daß Sie bestimmt
erst morgen abend zurückkommen.«

*

Letzte Worte eines Vollstreckungsbeamten: »Ach, und übrigens, der Revolver wird auch gepfändet ...«

Zwei Stammtischbrüder sind ins Philosophieren geraten.
»Was würden Sie tun, wenn Sie hunderttausend Mark erben würden?« fragt der eine gedankenvoll.
»Mir ein Luxusauto kaufen«, erwidert der andere prompt.
»Und wenn es eine Million wäre?«
»Na ja, meine Schulden beim Finanzamt bezahlen.«

*

Die Empfangsdame meldet: »Herr Direktor, hier draußen bei mir ist ein Mann, der Sie sprechen möchte.«
»Ist gut, ich komme gleich. Bieten Sie ihm so lange einen Stuhl an.«
»Damit wird er nicht zufrieden sein. Er sagt, er will alle Möbel abholen.«

*

Der Arzt trifft einen Patienten, den er ein paar Wochen lang behandelt hat, und sagt zu ihm: »Herr Zeller, der Scheck, den Sie mir gegeben haben, war wohl nicht gedeckt. Er ist zurückgekommen.«
»Wie merkwürdig, Herr Doktor – mein Rheuma auch!«

*

Der Richter betrachtet den Angeklagten mit finsterer Miene und verkündet: »Ich verurteile Sie wegen Beamtenbeleidigung zu einer Geldstrafe von fünfhundert Mark. Möchten Sie noch etwas sagen, Angeklagter?«
Brummt der Verurteilte: »Eigentlich ja, Herr Vorsitzender. Aber bei diesen Preisen verzichte ich lieber.«

**»Meine Arbeit ist so geheim,
daß ich selbst nicht weiß,
was ich tue!«**

oder

Wie Beamte ihren Dienst verrichten

Die städtischen Bauämter von Frankfurt und San Francisco haben eine Wette abgeschlossen, in welchem Amt schneller der Plan eines sechzehnstöckigen Hochhauses angefertigt wird. Nach kurzer Zeit geht aus San Francisco ein Telex ein:
Noch vierzehn Tage, und wir sind fertig.
Aus Frankfurt wird postwendend die Antwort telegrafiert:
Noch vierzehn Formulare, und wir fangen an.

*

Merkler ist schon seit einiger Zeit arbeitslos und kommt wieder einmal aufs Arbeitsamt. Dem Beamten klagt er sein Leid:
»Was soll ich bloß tun? Schließlich habe ich eine Frau und zehn Kinder zu Hause sitzen.«
Der Beamte überlegt eine Weile, dann brummt er: »Und was können Sie sonst noch?«

Es sagte der Zollbeamte:

»Heute müssen wir die Reisenden wieder ganz besonders gründlich kontrollieren. Unsere Zigaretten sind alle.«

Der Beamte im Patentamt wird allmählich nervös. Schließlich fährt er seinen Kollegen an:
»Hör endlich auf mit diesem ewigen ›Daß ich darauf nicht selbst gekommen bin‹!«

Dialog im Arbeitsamt.
»Wie viele Arbeitsstellen hatten Sie im letzten Jahr?«
»Fünf.«
»Sie sind wohl Gelegenheitsarbeiter, was?«
»Nein, Fußballtrainer.«

Es fragte der Kollege:

»Kennst du das neueste Spiel, das in den Ämtern gespielt wird? Beamten-Mikado.«
»Wie geht das?«
»Wer sich zuerst bewegt, hat verloren!«

»Sie müssen unbedingt einmal ausspannen«, sagt der Arzt zum Regierungsrat, »ich werde Ihnen eine Kur verordnen.«
»Das ist leider unmöglich«, erwidert der Regierungsrat.
»Also, hören Sie«, sagt der Arzt energisch, »Ihr Amt wird doch mal vier Wochen ohne Sie auskommen können.«
»Das schon«, meint der Regierungsrat bedrückt, »aber das darf doch keiner merken.«

*

Bei strömendem Regen betritt ein Mann das Fundbüro.
»Ist bei Ihnen zufällig ein Schirm abgegeben worden?«
»Ein Schirm – wie sieht er denn aus?« will der Beamte wissen.
»Ach, ganz egal«, versichert der Mann, »ich bin nicht sehr anspruchsvoll. Nur dicht sollte er sein.«

Onkel Hugo hat einen neuen Job.
»Ich bin städtischer Angestellter.«
»Als was?«
»Als Na-na-Mann.«
»Was ist denn das?«
»Ich gehe ab zweiundzwanzig Uhr durch den Park und sage vor jedem Gebüsch: Na, na, das dürfen Sie hier aber nicht!«

*

Kommt ein Mann zum Arbeitsamt und fragt den zuständigen Beamten: »Haben Sie nicht eine Beschäftigung für mich? Ich möchte am liebsten zu einer Baufirma gehen.«
»Was haben Sie denn bisher gemacht?«
»Ich war Minister«, erklärt der Bewerber etwas verlegen.
Der Beamte glaubt sich verhört zu haben. »Was denn, und da wollen Sie ausgerechnet zum Bau?«
Der Mann zuckt hilflos mit den Schultern. »Ich habe doch nichts gelernt außer Grundsteinlegen!«

*

In der Dienststelle eines Ministeriums sitzen zwei Beamte und vertreiben sich die Zeit mit Kartenspielen. Als der eine einmal überhaupt nicht aufpaßt und einen Fehler macht, meint der andere witzelnd: »Also, weißt du, Kartenspielen müßtest du eigentlich inzwischen schon besser können – schließlich bist du jetzt seit zwei Jahren bei uns im Kultusministerium!«
»Was? Im Kultusministerium?« Der andere ist völlig verblüfft. »Ich dachte immer, ich wäre beim Innenministerium!«

Ein offensichtlich nicht ganz nüchterner Mann erscheint auf dem Standesamt. Schließlich rückt er mit seinem Anliegen heraus.

»Stimmt es eigentlich, daß Frauen im allgemeinen älter werden als Männer?« will er wissen.

»Ich bin nicht ganz sicher«, meint der Standesbeamte, »aber bei Witwen stimmt es immer!«

Es sagte der Beamte:

»Eine mittlere Behördenkatastrophe liegt dann vor, wenn die Bestellformulare für Bestellformulare ausgegangen sind.«

Der Herr Vermessungsrat hat Geburtstag und erzählt seinen Beamten bei einem gemütlichen Umtrunk einen Witz. Alle lachen, nur Meier nicht.

Fragt der Vermessungsrat: »Warum lachen Sie nicht, Meier?«

Erwidert der: »Habe ich nicht mehr nötig. Ich gehe am Letzten des Monats in Pension.«

*

Hubert trifft seinen Freund Anton, der Beamter ist. In der Kneipe tauschen sie Urlaubserinnerungen aus. Hubert war in Finnland und schwärmt von der Sauna.

Anton ist nicht zu beeindrucken. »Sauna – das ist doch nichts für Beamte – da kommt man ja ins Schwitzen.«

Das Telefon klingelt. Aus dem Hörer schallt eine wütende Stimme.

»Ich bin außer mir vor Empörung. Das Huhn, das Sie mir gestern verkauft haben, ist offensichtlich alles andere als frisch und nicht zu genießen. Das müssen Sie mir sofort umtauschen.«

Der Mann am Hörer schüttelt den Kopf. »Tut mir leid, mein Herr, das geht nicht. Das verstößt gegen unser Gesetz.«

»Gesetz?« grollt der Anrufer. »Ist dort nicht die Metzgerei Roitner?«

»Nein«, kommt die ruhige Antwort, »hier ist das Standesamt.«

Es lobte der Vorgesetzte:

»Ein wirklich kreativer Mitarbeiter! Erst vier Wochen bei uns, und schon hat er zwölf neue Formulare ausgearbeitet.«

Die Presse wittert mal wieder eine heiße Spur. Einer der Journalisten knöpft sich den Minister höchstpersönlich vor.

»Herr Minister«, will er wissen, »sind Sie eigentlich ganz sicher, daß Ihre Sekretärin keine Agentin ist?«

Der Minister winkt ab. »Aber ja. Sie hat Kurse als Funkerin, Fotografin und Maskenbildnerin gemacht. Bei so vielen Hobbys kommt sie bestimmt nicht auf dumme Gedanken.«

»Guten Tag, Herr Oberinspektor. Wir sollen Ihren Arbeitsplatz überprüfen.«
»Und …?«
»Wir haben einfach keinen finden können.«
»Da sehen Sie mal, unter welchen Bedingungen wir hier beschäftigt werden!«

*

»Stimmt Ihre Adresse noch?« wird Petersen auf dem Einwohnermeldeamt gefragt.
»Nein, die hat sich geändert. Ich wohne nicht mehr Sonnenstraße zehn, sondern Sonnenstraße vierunddreißig.«
»Und Ihr Geburtsdatum?« fragt der Beamte.
Versichert Petersen: »Das ist dasselbe geblieben.«

Es sagte der Postbeamte:

»Für das normale Porto ist der Brief um fünf Gramm zu schwer.«
»Dann warten Sie, bis die Spucke unter der Marke trocken ist, dann stimmt's wieder!«

Der Lautsprecherwagen fährt durch den kleinen Ort und verkündet:
»Am Sonntag um sieben Uhr früh ist Feuerwehrübung. Wenn es um sieben regnet, findet die Übung um elf statt. Wenn es um elf Uhr aber immer noch regnet, findet die Übung trotzdem um sieben statt. Der Bürgermeister.«

Es ist Montagmorgen. Die beiden Beamtenkollegen sitzen mit wenig Begeisterung nach dem Wochenende wieder im Amt.

Fragte der eine seufzend: »Wie spät haben wir es denn?«

»Neun Uhr zwanzig«, erwidert der andere mißmutig.

»Mein Gott, die Woche zieht sich wieder hin!«

*

Der Reisende erkundigt sich beim Bahnhofsvorsteher, wann der nächste Zug geht. Nachdem der Beamte gründlich seine Fahrpläne zu Rate gezogen hat, sagt er: »Der D-Zug kommt in fünf Minuten, der Personenzug erst in zwei Stunden. Trotzdem würde ich Ihnen den Personenzug empfehlen, der hält hier.«

Es stand auf dem Grabstein:

Ruhe in Frieden. Unter diesem Stein schläft unser geschätzter Regierungsrat – weiter.

Der neugewählte Oberbürgermeister macht seinen ersten Behördenrundgang und findet einen schlafenden Beamten vor.

Auf die Frage, wie lange dieser schon im Amt sei, bekommt er zur Antwort: »Seit zwei Monaten.«

Erfreut bemerkt der Oberbürgermeister: »Na, ich muß schon sagen, für diese kurze Zeit ist er aber bereits erstaunlich gut eingearbeitet.«

Der Besucher klopft höflich an die Bürotür des Beamten. Keine Antwort. Er klopft noch einmal und tritt ein.

Freundlich grüßt er: »Guten Morgen!«

Keine Antwort.

»Soll ungesund sein!« sagt der Besucher und zeigt auf die Fensterbank.

»Was?« fragt der Beamte am Schreibtisch.

»Blumen im Schlafzimmer!«

Es fragte der Oberinspektor:

»Was steht diese Woche auf meinem Terminkalender?«

Inspektorin: »Montag, Dienstag, Mittwoch …«

Die jungen Beamten von der Baubehörde sind beim Fortbildungslehrgang.

»Wie nennt man einen Weg, der erst in vielen zeitraubenden Windungen und dann im Bogen zum Ziel führt?« will der hohe Beamte, der den Kurs leitet, wissen.

Ruft einer der jungen Beamten schlagfertig: »Den Dienstweg!«

*

Zwei Beamte unterhalten sich über ihre Arbeit im Innenministerium.

Sagt der eine: »Meine Arbeit ist so geheim, daß ich selbst nicht weiß, was ich tue!«

Riesenaufregung im Innenministerium. Eine junge Inspektorin ist guter Hoffnung und behauptet, im Büro geschwängert worden zu sein. Der Staatssekretär nimmt das alles erstaunlich gelassen.

»Das ist völlig ausgeschlossen«, erklärt er. »Erstens gibt es hier keinen, der mit Liebe bei der Sache ist. Zweitens ist hier noch nie etwas mit Hand und Fuß entstanden, und drittens, wenn hier wirklich etwas entsteht, dauert es in jedem Fall länger als neun Monate!«

*

Ein Abgeordneter, dem die Vereinfachung des Verwaltungsapparates sehr am Herzen liegt, stürzt eines Tages empört in ein Amtsgebäude.

»Es ist mir zu Ohren gekommen«, erklärt er dem Vorstand mit zornbebender Stimme, »daß in Ihrer Abteilung fünfundzwanzig Angestellte beschäftigt sind, und daß vierundzwanzig Inspektoren – ich wiederhole, vierundzwanzig – die Arbeit dieser Angestellten kontrollieren.«

Der Vorstand wird puterrot. »Das ist ja unerhört«, knurrt er. »Nennen Sie mir den Namen des fehlenden Inspektors, und ich werde diesen Mißstand sofort abstellen!«

*

Die Interessenten für die Beamtenlaufbahn sind herumgeführt worden, damit sie sich ein besseres Bild machen können.

»Wie viele Beamte haben Sie hier in Ihrer Dienststelle?« fragt einer von ihnen.

»Zwölf«, erwidert der Amtmann. »Das heißt, eigentlich nur zehn, denn zwei sind immer auf der Toilette.«

Ein Beamter mit vielen Dienstjahren ist endlich noch einmal befördert worden und hat die Leitung seines Amtes übertragen bekommen.

Er wird gefragt: »Und was haben Sie geleistet, daß Sie so ausgezeichnet worden sind?«

Der Beamte lächelt vielsagend. »Nichts. Aber das sehr lange.«

*

Bei der Führung durch das Rathaus interessiert sich ein Besucher für einen etwas abgelegenen Raum, zu dem jeder Zutritt verboten ist. Auf seine Fragen vertraut ihm der Mann an der Pforte an:

»In diesem Raum wird als besondere Sehenswürdigkeit und Kostbarkeit eine versiegelte Urne aufbewahrt, die eine unersetzliche Reliquie enthält: einen echten Tropfen Beamtenschweiß!«

Es stand im Polizeibericht:

Die Anordnung des Bürgermeisters, daß alle Feuerlöschgeräte spätestens zwei Tage vor einem Brand gründlich überprüft werden sollen, war offensichtlich wieder nicht befolgt worden.

Bei den meisten öffentlichen Behörden gibt es zwei Eingänge, damit die Beamten, die zu spät kommen, nicht diejenigen behindern, die zu früh nach Hause gehen.

Umzug im Finanzamt.

»Warum tragen Sie denn nur zwei Aktenordner, während die anderen alle vier schleppen?« fragt der Amtmann.

Verteidigt sich der Beamte: »Wenn die zu faul sind, um zweimal zu laufen, ist das doch nicht meine Schuld!«

Es sagte der Beamte:

»Wenn ich pensioniert bin, setze ich mich erst mal eine Woche in den Schaukelstuhl und tue gar nichts.«

»Und dann?«

»Dann fange ich mal ganz langsam an zu schaukeln ...«

Ein Beamter beobachtet seit zwei Stunden eine Fliege. Endlich erwischt er sie. Soll er sie nun ... oder nicht? Er läßt sie wieder fliegen. Wegen der Unterhaltung.

Da leuchtet es hell auf an der Wand – eine Fee erscheint. Sie lächelt ihn an und sagt: »Du hast dich als guter Mensch erwiesen, du sollst dafür drei Wünsche frei haben.«

Der Beamte überlegt nicht lange und wünscht sich zuerst das ganze Büro voller Geld – und zack, schon schwimmt er im Zaster.

Nun will er damit auf eine Insel voller schöner Mädchen. Schon passiert.

Dann hat er einen dritten Wunsch. »Ich wünsche mir ... ich möchte mein ganzes Leben lang nur noch Urlaub machen und nie mehr arbeiten!«

Und auf einen Schlag – sitzt er wieder in seinem Büro.

»Ist Ihre Arbeit eigentlich schwer?« wird ein Beamter gefragt.

»Nein, nicht unbedingt«, gesteht dieser, »aber sie ist doch ein erheblicher Störfaktor zwischen Kur, Nachbehandlung, Urlaub, Feiertagen, Wochenenden und Betriebsausflügen!«

*

»Wo waren Sie denn, Kollege Reisacher, der Chef hat Sie schon überall gesucht«, sagt der Beamte.

»Aber ich habe doch in meinem Büro gesessen und gearbeitet!« antwortet der andere.

»Nanu«, wundert sich der erste, »auf die Idee ist natürlich niemand gekommen!«

Es stand in der Zeitung:

Beim Brand des Gemeindehauses wurden drei Beamte leicht verletzt. Menschen kamen nicht zu Schaden.

Der Regierungsrat fühlt sich überhaupt nicht wohl und geht zum Arzt.

»Herr Doktor, ich fühle mich in letzter Zeit so erschöpft und müde.«

»Vielleicht arbeiten Sie zuviel«, vermutet der Doktor.

»Ach, das geht eigentlich. Früher mußten wir ja noch vierzig Stunden arbeiten, jetzt fünf Stunden weniger.«

»Na bitte«, meint der Arzt, »da haben wir's. Diese fünf Stunden Schlaf fehlen Ihnen!«

Der Amtsleiter kommt ins Büro des Oberinspektors. »Welchen Vorgang bearbeiten Sie im Augenblick?« erkundigt er sich.
»Gar keinen!«
Der Amtsleiter nickt zerstreut. »Schön. Wenn Sie damit fertig sind, können Sie Feierabend machen.«

Es sinnierte der Rathausbesucher:

»Eines steht doch wohl fest: Die Behörden müssen abgebaut werden!«
»Ganz richtig. Zu diesem Zweck wird dann aber wohl zunächst eine Abbaubehörde errichtet werden müssen!«

Ein Tourist ist zum erstenmal in der Hauptstadt und läßt sich im Taxi herumfahren. Der Taxifahrer zeigt ihm die Sehenswürdigkeiten und weist ihn auf die größten und schönsten Gebäude hin.
Als sie am Rathaus vorbeikommen, fragt der Tourist: »Und wie viele Beamte und Angestellte arbeiten hier bei den Behörden?«
»Kaum die Hälfte«, antwortet der Taxifahrer.

*

Seit zwanzig Minuten klingelt in der Amtsstube das Telefon. Meint ein Beamter schließlich: »Unglaublich, wieviel Zeit manche Leute verschwenden!«

»Herr Amtmann«, entschuldigt sich atemlos der junge Beamte, »verzeihen Sie, daß ich zu spät zum Dienst komme. Ich habe verschlafen.«

»Was?« knurrt der Amtmann. »Zu Hause schlafen Sie auch noch?«

Es sagte der Beamte:

»Heute bin ich fünfundzwanzig Jahre in diesem Amt tätig, Herr Regierungsrat.«

»So – dann sind sicher Sie es, der schon zwei Stühle abgewetzt hat.«

Ein Beamter ist im Schlaf vom Stuhl gefallen und wird verletzt von zwei Kollegen aufgefunden.

Sagt der eine: »Wir sollten ihm wenigstens die Hände aus den Hosentaschen nehmen, dann können wir den Sturz als Arbeitsunfall deklarieren.«

*

Der Regierungsrat ist sauer. Mit einem Blick auf die Uhr fährt er den Inspektor an: »Vielleicht erklären Sie mir jetzt einmal Ihre ständige Unpünktlichkeit, aber keine faulen Ausreden!«

»Na ja«, meint der Inspektor entschuldigend, »unten am Fahrstuhl hängt ein Schild *Nur für zwölf Personen,* und was meinen Sie, wie lange das jeden Morgen dauert, bis ich noch elf Mitfahrer finde!«

Der Beamte sitzt gemütlich beim Frühstück, ganz in seine Zeitung vertieft.

»Sag mal, Gerhard«, erkundigt sich schließlich seine Ehefrau, »mußt du denn heute gar nicht ins Büro gehen?«

»Himmel!« Der Beamte fährt erschrocken hoch. »Ich habe die ganze Zeit das Gefühl gehabt, ich sei schon dort.«

*

Als der Beamte die tägliche schwere Arbeit des Kalenderblattabreißens erfüllt hat, liest er auf dem abgerissenen Kalenderblatt:

Was ist der höchste Feiertag der Beamten? Siebenschläfer.

*

Interessiert erkundigt sich der Partygast: »Ist Ihre Stellung im Ministerium eigentlich ein schwerer Posten?«

Der Gefragte überlegt einen Moment, dann meint er: »Nein, das ist er genaugenommen nur, solange man darum kämpfen muß. Wenn man ihn hat, ist er kein schwerer Posten mehr!«

*

Der Regierungsdirektor lobt den Amtmann: »Seit zwanzig Jahren gehören Sie nun unserer Behörde an. In all den Jahren waren Sie nicht ein einziges Mal krank. Worauf führen Sie diese erfreuliche Tatsache zurück?«

»Ich habe gesund gelebt«, antwortet der Amtmann bescheiden.

»Wohl ohne Alkohol und Zigaretten?« fragt der Chef.

»Nein, das ist es nicht, ich habe jegliche Arbeit vermieden!«

Wütend schlägt ein Beamter im Gartenbauamt eine Schnecke tot.

»Warum tust du das?« empört sich ein Kollege. »Was hat dir denn die Schnecke getan?«

Rechtfertigt sich der andere: »Dieses aufdringliche Tier verfolgt mich doch schon den ganzen Tag!«

Es sagte der Oberregierungsrat:

»So, diese Akten können vernichtet werden. Aber lassen Sie vorher noch Kopien anfertigen.«

Der Regierungsrat betrachtet kopfschüttelnd den Inspektor. »Sie hätten nicht Beamter, sondern Einbrecher werden sollen, Inspektor Meier.«

»Und warum, Herr Regierungsrat?« fragt der Inspektor verblüfft.

Meint der Regierungsrat grimmig: »Ihre Arbeit hinterläßt keinerlei Spuren!«

*

Der Vollstreckungsbeamte waltet seines Amtes. Außer auf zwei Teppiche klebt er das Pfandsiegel auch auf ein Bild, eine Kopie der berühmten »Leda mit dem Schwan«.

Als amtliche Beschreibung des gepfändeten Gemäldes notiert er auf seinem Formular: *Bildgröße siebzig mal vierzig, hölzerner Rahmen, junge ausgezogene Blondine, ca. fünfundzwanzig Jahre alt, angefallen von tollwütiger Gans.*

Der allwöchentliche Stoßseufzer, wenn die Woche wieder ihren Anfang nimmt:
»Montags fühle ich mich wie Robinson Crusoe auf seiner einsamen Insel. Ich warte und warte und warte auf Freitag!«

Es sagte der Strafverteidiger:

»Ich bitte das Hohe Gericht zu bedenken, daß der Angeklagte im Falle einer Verurteilung nicht mehr Beamter sein kann, sondern arbeiten muß!«

Das kürzeste Märchen der Welt: Es war einmal ein Beamter, der bekam die Managerkrankheit ...

*

Der Arzt wird zu einem Patienten gerufen. Nach der Untersuchung sagt er zu der Ehefrau: »Es ist gar nicht so schlimm. Eine Grippe. Ihr Mann muß nur einmal richtig schwitzen. Ich sehe morgen wieder nach ihm.«
Am nächsten Tag kommt die Frau dem Arzt mit verweinten Augen entgegen und sagt: »Mein Mann ist heute nacht gestorben.«
Der Arzt ist fassungslos. »Das ist doch gar nicht möglich, er hatte doch nur eine leichte Grippe und sollte schwitzen!«
»Schon, Herr Doktor, aber mein Mann war doch Beamter. Ehe er schwitzte, starb er lieber!«

Der Regierungsrat kommt sorgenvoll zu seinem Hausarzt. »Herr Doktor, bitte helfen Sie mir, ich rede andauernd im Schlaf«, sagt er zu ihm.

»Ist es denn so schlimm, daß sich Ihre Frau gestört fühlt?« erkundigt sich der Doktor.

»Nein, das ist es nicht«, erklärt der Regierungsrat. »Aber das ganze Amt lacht schon über mich.«

*

Die Dienstbesprechung im Rathaus dauert wieder einmal endlos. Es herrscht grenzenlose Langeweile.

Stößt ein Beamter seinen Kollegen an und flüstert: »Schau mal, der zweite Bürgermeister schläft schon.«

Entrüstet sich der Nachbar: »Und deshalb weckst du mich?«

Es verriet der Hypnotiseur:

»Am leichtesten sind die Beamten zu hypnotisieren. Man braucht sie nur an die Arbeit zu erinnern, und schon schlafen sie ein.«

»Bei aller Geduld, aber ich werde nun doch Ihre Versetzung anordnen müssen. Sie bewegen sich zu langsam, Sie denken zu langsam. Sie arbeiten zu langsam. Was geht bei Ihnen denn überhaupt noch schnell?«

Sagt der Beamte voller Resignation: »Ich schlafe ganz schnell ein.«

Der Beamte leidet an der Schlafkrankheit und kommt jeden Tag zu spät ins Amt. Schließlich geht er mit seinem Kummer zum Arzt. Der verschreibt ihm Tabletten.

Tatsächlich wacht der Beamte am frühen Morgen auf, noch bevor der Wecker geklingelt hat. Fröhlich geht er ins Amt und erklärt: »Alles in Ordnung. Keine Schwierigkeiten mehr mit dem Aufstehen.«

»Das ist ja fabelhaft«, erwidert der Regierungsrat. »Aber wo waren Sie gestern?«

Es sagte der Beamte:

»Natürlich habe ich ein Rezept, wie ich mich bis zu meiner Pensionierung fit halte: Am gesündesten lebt, wer sich dann ausruht, wenn er keine Zeit dazu hat.«

Ein Mann mit zwei Säcken auf seinem Fahrrad kommt zur Grenze. »Was ist in den Säcken?« fragt der Zollbeamte.

»Sand«, antwortet der Radfahrer.

»Öffnen Sie die Säcke.«

Und tatsächlich, sie enthalten nur Sand.

Eine Woche später das gleiche Spiel, und wieder darf der Radfahrer über die Grenze. Das geht so Woche für Woche. Eines Tages trifft der Zollbeamte den Mann in einer Kneipe. »Wir wissen, daß Sie schmuggeln«, sagt er ihm auf den Kopf zu, »aber sagen Sie mir doch endlich, was es ist. Ich verrate Sie auch ganz bestimmt nicht.«

Der Mann grinst. »Fahrräder!«

Natürlich
habe ich ein Rezept,
wie ich mich bis zu
meiner Pensionierung fit halte:
Am gesündesten lebt,
wer sich dann
ausruht,
wenn er keine Zeit
dazu hat.

»Weißt du schon das Neueste?« fragt Sauerwein seinen Freund, nachdem er einen Vormittag auf dem Rathaus verbracht hat. »In den Behörden sitzen männliche und weibliche Angestellte jetzt nicht mehr zusammen. Sie haben getrennte Schlafzimmer durchgesetzt.«

Es stand in der Zeitung:

Beamter sucht Nebenbeschäftigung. Ganztägig.
Seriöse Angebote unter Chiffre 46.

Ein Beamter klagt über Einschlafschwierigkeiten.
»Wenn ich Sie recht verstehe«, fragt der Arzt noch einmal nach, »machen Sie nachts kein Auge zu?«
»Nein, im Gegenteil, Herr Doktor«, stellt der Beamte richtig, »ich schlafe die ganze Nacht wie ein Murmeltier, auch morgens und am späteren Vormittag schlafe ich gut durch. Nur nachmittags sitze ich immer hellwach an meinem Schreibtisch!«

*

Ein Briefträger stürzt bei Glatteis direkt vor einem Polizisten vom Fahrrad. Der Inhalt seiner Posttasche landet verstreut auf dem Gehsteig.
Der Polizist grinst etwas spöttisch. »Gibt's bei der Post noch mehr solche Dussel?« fragt er.
»Nein, ich bin der letzte!« knurrt der Briefträger. »Die anderen sind inzwischen alle bei der Polizei.«

Berufsberatung für Schulabgänger. Der Berufsberater preist die Vorzüge des Beamtenstandes.

»Beamte bekommen Ruhegelder, wenn sie pensioniert werden«, versichert er.

»Was?« Der Schüler ist beeindruckt. »Auch dann noch?«

*

»Ich glaube, daß Sie mit Ihrem Beruf als Postbeamter einfach nicht ausgefüllt sind«, sagt der Psychiater.

»Doch, sehr«, erwidert der Patient.

»Aha, und was tun Sie da den ganzen Tag?«

»Ich stemple Briefe!«

»Da haben wir's, das ist doch eine stinklangweilige Angelegenheit.«

»Stinklangweilig?« wundert sich der Postbeamte. »Haben Sie eine Ahnung, Herr Doktor! Jeden Tag ein anderes Datum!«

Es fragte der Kollege:

»Hast du schon gehört? In zehn Jahren brauchen wir nur noch mittwochs zu arbeiten!«

»Was? Den ganzen Tag?«

Mit letzter Kraft erreicht ein Schiffbrüchiger den Strand. Dort steht ein Zollbeamter und empfängt ihn mit den Worten: »Den Trick kennen wir schon – wo haben Sie Ihr Gepäck?«

Ein Beamter rennt im Büro auf und ab und jammert: »O Gott, diese Kopfschmerzen! Ich verliere noch den Verstand!«

Dem Amtmann wird das allmählich zuviel, und er sagt ungehalten: »Wenn Sie krank sind, dann gehen Sie nach Hause. Aber hören Sie auf, hier herumzurennen und so zu prahlen!«

*

Egon streitet sich auf das heftigste mit dem Bahnbeamten über seinen Fahrausweis. Endlich verliert er die Geduld. »Sie sollten nicht vergessen, daß Sie von mir als Fahrgast leben!« schreit er ihn an.

Der Bahnbeamte bleibt ganz gelassen. »Sie können ruhig bei der nächsten Station aussteigen und mich verhungern lassen!«

Es sagte der Regierungsrat:

»Aus Holz sind Sie jedenfalls nicht, Herr Inspektor Müller – Holz arbeitet nämlich!«

»Fräulein Kornblum, nach der neuen Dienstposten-bewertung können Sie nicht höher gruppiert werden, weil Sie keine selbständigen Entscheidungen zu treffen haben.«

»Aber doch, Herr Steinbach! Wenn der Chef brüllt: Holen Sie mir diesen Idioten!, habe ich zu entscheiden, welchen!«

Aus Holz sind
Sie jedenfalls nicht,
Herr Inspektor Müller –
denn Holz arbeitet.

Ein Beamter geht in Pension.

»Waren Sie mit Ihrer Berufslaufbahn zufrieden?« fragt ihn sein Chef.

»Nein, überhaupt nicht«, erklärt der Beamte sehr bestimmt. »In den ganzen vierzig Jahren hat mich nicht ein einziger zu bestechen versucht.«

Es stand im Merkblatt:

Erstes Gebot für die Beamtenlaufbahn: Wer arbeitet, macht Fehler. Wer wenig arbeitet, macht wenig Fehler. Wer nicht arbeitet, macht keine Fehler. Wer keine Fehler macht, wird befördert.

Der Zeuge eines Unfalls ist auf der Wache vernommen worden. »So«, sagt der Beamte, »jetzt schreiben Sie hier Ihren Namen unter das Protokoll.«

Der Zeuge ist verlegen. »Ich bin aber Analphabet.«

»Das macht nichts«, sagt der Beamte. »Welche Religion Sie haben, interessiert uns überhaupt nicht.«

*

Im Ministerium sprechen zwei Beamte über die angebliche Bestechlichkeit eines Kollegen.

Der eine verteidigt ihn leidenschaftlich: »Nach allem, was ich gehört habe, nimmt er derart geringfügige Summen, daß er sich eigentlich schon der Grenze der Unbestechlichkeit nähert!«

Der Richter schaut nachdenklich von seinen Akten auf.
»Sagen Sie mal, ließ sich denn das Ohr, das Ihnen der Angeklagte bei der Schlägerei abgerissen hat, nicht wieder annähen?«
Der Mann schüttelt bedauernd seinen dick verbundenen Kopf. »Nein, Herr Vorsitzender – der Polizeibeamte behauptete, es müsse als Anlage zu seinem Protokoll!«

Es fragte der Quizmaster:

»Warum sind die Mittagspausen bei sämtlichen Ämtern und Behörden immer sehr kurz? – Wenn sie länger dauern würden, müßten die Beamten erst wieder neu angelernt werden.«

In Köln steigt ein Reisender in den Zug und bittet den Zugschaffner: »Wecken Sie mich bitte kurz vor Hannover, aber ernstlich, und wenn ich nicht gutwillig rausgehe, schmeißen Sie mich mitsamt dem Koffer hinaus!«
Der Reisende schläft fest. Plötzlich heißt es: »Hamburg, alles aussteigen!«
Entsetzt reißt der Mann die Abteiltür auf und schimpft los: »Schaffner, Sie Trottel, was habe ich Ihnen in Köln gesagt?!«
Ein zweiter Beamter fragt seinen Kollegen: »Das läßt du dir gefallen? Das ist ja glatte Beamtenbeleidigung.«
»Ach was, Beamtenbeleidigung!« Der andere winkt ab. »Da hättest du erst mal den hören sollen, den ich in Hannover mit dem Koffer hinausgeschmissen habe!«

»Es ist schon Mittag, und das Fundbüro ist noch immer nicht geöffnet!« beschwert sich Bachhuber.

»Tut mir leid, aber das wird noch etwas dauern«, meint ein Behördenangestellter. »Der zuständige Beamte hat den Büroschlüssel verloren.«

Es sagte der Kegelbruder:

»Der Vollstreckungsbeamte hat sich gestern bei uns wirklich wie ein kleines Kind aufgeführt.«
»Wieso denn das?«
»Alles, was er sah, wollte er haben!«

»Kann ich bei Ihnen eine Fahrkarte bekommen?« fragt der Reisende.

»Das heißt Fahrausweis, mein Herr«, belehrt ihn der freundliche Beamte.

»Gut. Also wo bekomme ich den?«
»Drüben am Fahrkartenschalter.«

Es sagte der Amtmann:

»Ich glaube, der Kollege ist urlaubsreif.«
»Wieso denn?«
»Er schläft neuerdings so unruhig.«

Fortbildungslehrgang für junge Schrankenwärter.
»Was tun Sie, wenn sich auf einer eingleisigen Strecke zwei Züge entgegenkommen?«
Antwortet der junge Bahnbeamte: »Ich laufe ganz schnell nach Hause und hole meinen Schwager. Der hat so einen Unfall auch noch nicht gesehen!«

Es sagte der Beamte:

»Gerda, mach' bitte den Frühstückskaffee nicht wieder so stark, sonst bekomme ich im Büro den ganzen Tag kein Auge zu.«

Zwei deutsche Zöllner entdecken eine Leiche, die vor ihrem Zollhaus an einem Ast hängt. Um sich den lästigen Papierkram zu ersparen, beschließen sie, den Toten nachts klammheimlich auf die Seite der Schweizer Kollegen zu schaffen. Gesagt, getan. Morgens tritt ein Schweizer Zöllner aus dem Zollgebäude und ruft verblüfft: »Verdammt, jetzt hängt der Kerl schon wieder hier!«

*

Burgmüller wird aufs Amt bestellt. Die Sache wird blitzschnell und ohne langes Hin und Her erledigt.
Verdutzt schaut Burgmüller den Beamten an. »Was ist denn hier los? Kein Warten, keine Fragebogen, überhaupt kein Formular – ist das hier am Ende gar keine richtige Behörde?«

Ein Beamter läßt sich nach fünfundzwanzig Jahren in eine andere Abteilung versetzen.

»Nanu, was soll dieser plötzliche Entschluß?« fragt ein Freund.

»Ja, das ist eben das Zigeunerblut in mir«, erklärt der Beamte stolz.

Es wunderte sich der Beamte:

»Ich weiß gar nicht, was die Leute immer gegen uns Beamte haben. Wir tun doch gar nichts!«

Ein Vertreter führt im Finanzamt eine neuartige Rechenmaschine vor. Er preist sie an: »Sie ist einfach großartig. Mit ihr kommt jeder Vollidiot zurecht.«

Fragt der Regierungsrat eifrig: »Oh, darf ich mal probieren?«

*

Ein junger Mann bewirbt sich bei der Behörde um eine ausgeschriebene Stelle.

»Tut mir leid«, sagt der Amtsleiter, »wir haben schon Hunderte von Bewerbungen.«

»Was, so viele?« staunt der junge Mann. »Da brauchen Sie doch einen Mitarbeiter, der das alles ordnet und verwaltet.«

Der Amtsleiter hält Rückfrage – der junge Mann wird eingestellt.

Der Schulrat erscheint in der achten Klasse beim Deutschunterricht. Er begrüßt den Lehrer, und dann knöpft er sich den Franzl vor.

»Was kannst du mir von dem ›Zerbrochenen Krug‹ erzählen?« fragt er.

Der Franzl hat ein gutes Gewissen. »Ich war's bestimmt nicht, Herr Schulrat.«

Der wendet sich zum Lehrer. »Haben Sie das gehört? Was sagen Sie denn dazu?«

Der Lehrer schwankt. »Ein Lausbub ist er schon, der Franzl, aber lügen tut er eigentlich nicht. Wenn er sagt, er war's nicht …«

Der Schulrat eilt empört zum Direktor und erzählt ihm die Geschichte. Dem Direktor ist das alles sehr peinlich.

»Herr Schulrat, ich möchte wirklich nicht, daß wegen dieser Angelegenheit was an meiner Schule hängenbleibt. Was kann der Krug wert gewesen sein? Wenn ich Ihnen hundert Mark gebe, ist der Fall dann erledigt?«

Den Schulrat hält es nicht mehr. Er fährt zurück ins Kultusministerium, läßt sich beim Staatssekretär melden und trägt ihm den Fall vor, wie er sich zugetragen hat.

Der Staatssekretär wiegt bedenklich den Kopf hin und her. »Also, wenn Sie mich fragen, Herr Schulrat, dann würde ich sagen, es war der Direktor. Ganz ohne Grund hätte der nicht so schnell bezahlt.«

*

Der staatliche Prüfer hat einen Betrieb untersucht.

Sein Bericht lautet: *Alle Maschinen in Ordnung. Kesselstein ist nicht vorhanden.*

Darauf schreibt der zuständige und übereifrige Beamte: *Kesselstein ist anzuschaffen.*

Der Postvorsteher in einem kleinen Ort läßt einen Brief zurückgehen mit dem Vermerk: *Empfänger verstorben – wohin unbekannt.*

Es stand im Merkblatt:

Telegramme, amtliche ausgenommen, müssen in verständlicher Sprache abgefaßt sein …

Der Beamte am Schalter für Personalausweise und Reisepässe schaut mißbilligend auf das Antragsformular.
»Sie haben vergessen, Ihren Beruf anzugeben. Also, welchen Beruf haben Sie?«
»Ich bin Haarkünstler«, erklärt der Antragsteller.
Der Beamte ist wieder nicht zufrieden. »Sie müssen sich schon genauer ausdrücken. Sind Sie nun Friseur oder vielleicht Bürstenbinder?«

Es stand auf dem Abreißkalender:

Welcher Tag im Jahr ist der schwerste für einen Beamten? Der Frühjahrsbeginn.
Warum? Weil er sich vom Winterschlaf auf die Frühjahrsmüdigkeit umstellen muß.

Es seufzte der Beamte:

»Also, heute ist mein erster Tag im Ruhestand! Da habe ich endlich einmal Zeit, meine Dienstvorschriften durchzulesen!«

Der dicke Oberregierungsrat muß verreisen und bittet eine Inspektorin, ihm zwei Plätze zu besorgen, damit er bequem sitzen kann.

Nach einer Stunde kommt sie freudestrahlend zurück in sein Zimmer und berichtet: »Ich habe sogar noch zwei Fensterplätze bekommen!«

Es fragte der Witzbold:

»Was tut ein Beamter, der in der Nase bohrt? – Er holt das letzte aus sich heraus!«

Aus dem Merkblatt für Beamte des öffentlichen Dienstes:
Das Bundesinnenministerium informiert: Beamte werden ab sofort nicht mehr befördert, sondern umgebettet.

Was tut ein Beamter,
der in der Nase bohrt? –
Er holt das letzte aus
sich'raus!

»Jede Woche will sie ein neues Kleid!«

oder

Frauen haben ihre eigenen Probleme

Der Arzt hat die ältere Patientin gründlich untersucht, dann stellt er fest: »Ich dachte es mir schon – Hypochondrie!«

»Wunderbar«, sagt die Frau, »und mein Mann behauptet immer, mir fehlt gar nichts!«

*

Wonnemann ist von einem Auto angefahren worden. Als er den Unfall der Versicherung meldet, fragt ihn der Versicherungsvertreter, ob er sich die Autonummer merken konnte.

»Ja«, sagt Wonnemann. »Zufällig sind es die gleichen Zahlen wie das Geburtsjahr meiner Frau …«

»Vergiß es«, unterbricht seine Gattin. »Schließlich ist dir nichts Ernsthaftes passiert.«

*

»Herr Doktor«, sagt die junge Dame, »ich fürchte, ich muß mir den Blinddarm herausnehmen lassen.«

Der Arzt untersucht sie gründlich, dann meint er: »Wenn Sie noch sechs Monate Geduld haben, dann kommt der Blinddarm von alleine heraus!«

*

»Für dich ist ein Einschreibebrief gekommen«, sagt die Ehefrau zu ihrem Mann, als er abends nach Hause kommt. »Auf dem Umschlag steht *persönlich* und *streng vertraulich*.«

Murrt der Ehemann: »Nun sag schon, was steht in dem Brief?«

Der Arzt notiert die Personalien einer neuen Patientin.
»Und Ihr Alter bitte?«
Die Dame überhört die Frage.
»Ich muß Sie bitten, gnädige Frau, mir Ihr Alter zu sagen.«
»Ich nähere mich den Vierzigern«, sagt sie leise.
»Aus welcher Richtung, gnädige Frau?«

*

»Morgen könnten wir mal mit Ihrem Porsche einen Ausflug in die Umgebung machen«, sagt sie.
»Ich habe leider keinen Porsche, sondern nur einen Volkswagen.«
»Was, keinen Porsche!« ruft sie aus. »Aber Urlaub machen, an der Bar Whisky trinken und Mädchen anquatschen!«

*

Eine passionierte Skatspielerin muß zur Entbindung ins Krankenhaus. Dort bekommt sie eine leichte Narkose und beginnt zu zählen: »Achtzehn, zwanzig, zweiundzwanzig, dreiundzwanzig, passe.«
Als sie wieder aufwacht, steht der Arzt, ebenfalls ein Skatspieler, an ihrem Bett und sagt: »Sie hätten ruhig weiter reizen können – es waren noch zwei Buben drin!«

*

In der Hochzeitsnacht stellt der Bräutigam an seine blutjunge Frau die inhaltsschwere Frage: »Bin ich auch wirklich der erste, der mit dir schläft?«
Versichert ihm die Braut: »Wenn du die Absicht hast zu schlafen, bist du ganz bestimmt der erste!«

Die Ehefrau kommt zum Feinkosthändler.
»Welchen Wein können Sie uns zum zehnten Hochzeitstag empfehlen?« erkundigt sie sich.
»Das kommt ganz darauf an, gnädige Frau – wollen Sie feiern oder vergessen?«

Es sagte der Arzt:

»Es ist wirklich rührend, wie aufopferungsvoll Sie Ihren Mann pflegen, Frau Weller!«
»Aber das ist doch selbstverständlich, Herr Doktor, wer nimmt denn schon eine Witwe mit vier Kindern!«

Leypolds machen die erste Fahrt in ihrem nagelneuen Wagen. An der Kreuzung schaut er nach links und fragt seine Frau: »Kommt von rechts ein Auto?«
»Nein, nein«, meint sie. Als ihr Mann Gas gibt, fügt sie hinzu: »Nur so ein häßlicher Lieferwagen.«

*

Die junge Frau ist sehr schön. Sie ist ganz in Schwarz gekleidet und steht vor dem Juwelier.
»Meine Dame, was kann ich für Sie tun?« fragt dieser zuvorkommend.
»Mein Mann ist gestern gestorben und hat testamentarisch verfügt, daß eine halbe Million Mark für einen Gedenkstein ausgegeben wird. Legen Sie mir doch bitte Steine in dieser Preisklasse vor.«

Die Patientin ist ganz begeistert. »So gut wie das letzte Medikament ist mir noch nie eines bekommen«, erklärt sie dem Internisten.

»Das freut mich aber«, meint dieser.

»Wogegen war das eigentlich?« will die Dame wissen.

Es fragte der Quizmaster:

»Was zieht eine kluge Frau zuerst aus, um ihren Mann ins Bett zu bringen?«
»Den Stecker vom Fernsehapparat.«

Die hübsche Ingrid hat geheiratet. Während sie im Taxi mit ihrem Mann nach Hause fährt, meint sie: »Ich muß doch direkt einmal ausprobieren, wie sich mein neuer Name schreibt. Hast du zufällig einen Scheck zur Hand, Liebling?«

*

Lindenfels trifft seinen Nachbarn.

»Aber, aber, wohin denn mit so finsterer Miene?« erkundigt er sich.

»Einkommensteuer bezahlen«, seufzt der Nachbar.

»Geht das nicht ein wenig heiterer?« muntert Lindenfels den anderen auf. »Versuchen Sie es doch mal mit einem Lächeln.«

»Das habe ich auch schon versucht«, sagt der andere voller Resignation, »aber die wollen nur Geld!«

Was zieht eine kluge
Frau zuerst aus, um
ihren Mann ins Bett zu
bringen?

Den Stecker
vom Fernseh-
apparat!

Die Chefsekretärin liegt im Krankenhaus und bekommt Besuch von einer Kollegin. Sorgenvoll erkundigt sie sich: »Geht im Büro alles klar?«
»Aber sicher, wir haben deine Arbeit aufgeteilt. Claudia kocht Kaffee – Birgit strickt deinen Pullover weiter – Stephanie löst die Kreuzworträtsel – und ich schlafe mit dem Chef.«

Es sagte die Witwe:

»Mein Mann hat immer Glück. Vor einer Woche hat er eine hohe Lebensversicherung abgeschlossen – und gestern hat ihn auch schon ein Auto überfahren.«

Eichhofer ist mal wieder schlechter Laune. »Ich finde es ganz idiotisch, daß du immer eine andere Meinung hast als ich!« fährt er seine Frau an.
Daraufhin sie: »Was ist daran idiotisch? Wäre ich ständig deiner Meinung, hätte ich ja immer unrecht.«

*

Der Standesbeamte schaut erst die Braut an, dann den Bräutigam. Schließlich schüttelt er den Kopf und sagt zu der Braut: »Der Mann, den Sie heiraten wollen, ist ja total betrunken. Kommen Sie wieder, wenn er nüchtern ist!«
»Unmöglich, das geht nicht«, protestiert die Braut.
»Wieso geht das nicht?«
»Weil er nüchtern niemals mit zum Standesamt käme!«

Das Ehepaar schiebt sein Auto zur Werkstatt. Keuchend sagt die Frau zu ihrem Mann:
»In einem Punkt hatte der Mann, der uns das Auto verkauft hat, ja recht; es braucht wirklich kaum Benzin.«

*

Der Schönheitschirurg hat sich richtig in Begeisterung geredet und versichert seiner Patientin: »Gnädige Frau, wenn Sie sich liften lassen, werden Sie so gut aussehen, daß niemand Sie wiedererkennt!«
»Um Gottes willen, nur das nicht«, wehrt sie ab, »die Leute sollten schon wissen, wer da so gut aussieht!«

*

Auf einem Ball flüstert eine besorgte Mutter ihrer Tochter zu: »Du mußt mehr auf deinen Mann achten, der flirtet ja dauernd mit anderen Frauen.«
»Keine Sorge«, winkt die junge Frau ab, »er ist noch immer so verrückt nach mir wie am ersten Tag.«
»Das mag schon sein«, meint die Mutter, »aber auch Verrückte haben mal einen lichten Moment.«

*

Die Ehefrau bleibt bei ihrem Entschluß und erklärt ihrem Anwalt: »Für mich ist mein Albert kein Mann mehr. Ich möchte wirklich geschieden werden.«
»Hm«, meint der Anwalt, »für eine Scheidung benötigen wir aber feststehende Tatsachen.«
»Genau«, sagt die Ehefrau, »deshalb möchte ich ja geschieden werden.«

Die Ehefrau schüttet ihr Herz aus.

»Mein Mann ist ein Unhold. Seit zwanzig Jahren bin ich mit ihm verheiratet, ich war die ganze Zeit über unglücklich.«

»Warum lassen Sie sich denn nicht scheiden?«

»Wie käme ich dazu, ihn nach all dem, was er mir angetan hat, glücklich zu machen!«

*

Frau Kindlein möchte sich einer Schönheitsoperation unterziehen. Sie sucht einen Spezialisten auf und erkundigt sich nach dem Preis.

»Rund viertausend bis fünftausend Mark«, sagt der Doktor.

»Oh«, stöhnt Frau Kindlein, »gibt es denn wirklich keine billigere Möglichkeit?«

»Doch. Einen Hut mit Schleier.«

*

Nach zehn Ehejahren erklärt Werner seiner Frau, er habe eine Geliebte.

»Bitte, Schatz, reg dich nicht auf. Bob und Fred haben auch eine, und deren Frauen haben sich gut damit abgefunden. Unsere Freundinnen tanzen alle im Ballett der Roxy-Bar. Heute abend gehen wir sie anschauen.«

Abends erklärt er eifrig: »Dort links die Blondine ist Bobs, die in der Mitte ist Freds, und die am Ende, die mit den roten Haaren, ist meine.«

Lange und genau schaut sich die Ehefrau die drei Mädchen an, dann sagt sie: »Weißt du, Liebling, unsere gefällt mir am besten.«

»Ich muß alles tun, um nicht wieder schwanger zu werden«, sagte die Mutter von drei Kindern zu ihrem Hausarzt.
»Aber Ihr Mann hat sich doch erst kürzlich sterilisieren lassen«, meint dieser.
»Eben, deshalb!«

Es sagte die Braut:

»Ich glaube, du liebst mich nicht mehr!«
»Natürlich liebe ich dich noch. Aber man wird ja wohl mal zehn Minuten verschnaufen dürfen!«

Eine füllige Ehefrau beklagt sich bei ihrer Freundin. »Mein Mann behandelt mich miserabel. Ich leide so darunter, daß ich ständig abnehme.«
Sagt die Freundin: »Warum trennst du dich nicht von ihm?«
Meint die andere: »Das werde ich auch – aber erst, wenn ich fünfundfünfzig Kilo wiege …«

*

Die Clubkameradin macht ein ernstes Gesicht.
»Ich sehe, Sie tragen Trauer? Ihr Mann ist doch nicht etwa gestorben?«
»Das nicht. Aber er benimmt sich in der letzten Zeit so schlecht, daß ich wieder Trauer um meinen ersten Mann angelegt habe.«

Die werdende Mutter hat noch etwas auf dem Herzen. »Herr Doktor«, fragt sie, »darf mein Mann bei der Geburt zusehen?«

Der Arzt hat überhaupt nichts dagegen. »Natürlich, wir sind sogar sehr dafür, daß der Vater dabei ist.«

Daraufhin meint die junge Frau allerdings gedehnt: »Ach so, na, dann lassen wir es. Die beiden können sich nämlich nicht leiden!«

Es sagte der Hochzeitsfotograf:

»Darf ich denn jetzt bitte ein Bild von dem glücklichen Paar machen – der Braut und ihrer Mutter?«

Die Freundin schafft es mal wieder nicht, den Mund zu halten, und raunt der Ehefrau zu: »Von deinem Mann habe ich ja wieder tolle Geschichten gehört!«

»Erzähl mal«, meint die Ehefrau ganz begierig. »Ich brauche dringend ein neues Kostüm!«

*

Die Ehefrau kommt zur Polizei und sagt: »Ich habe eben meinen Mann erschossen.«

»Was?« fährt der Beamte auf.

»Jawohl, aber in Notwehr.«

»Wieso – hat er Sie bedroht?«

»Ja, natürlich. Als er in meiner Hand den Revolver sah, schrie er: ›Wenn du mich verfehlst, bring' ich dich um!‹«

Darf ich denn jetzt bitte ein Bild von dem glücklichen Paar machen — der Braut und ihrer Mutter?

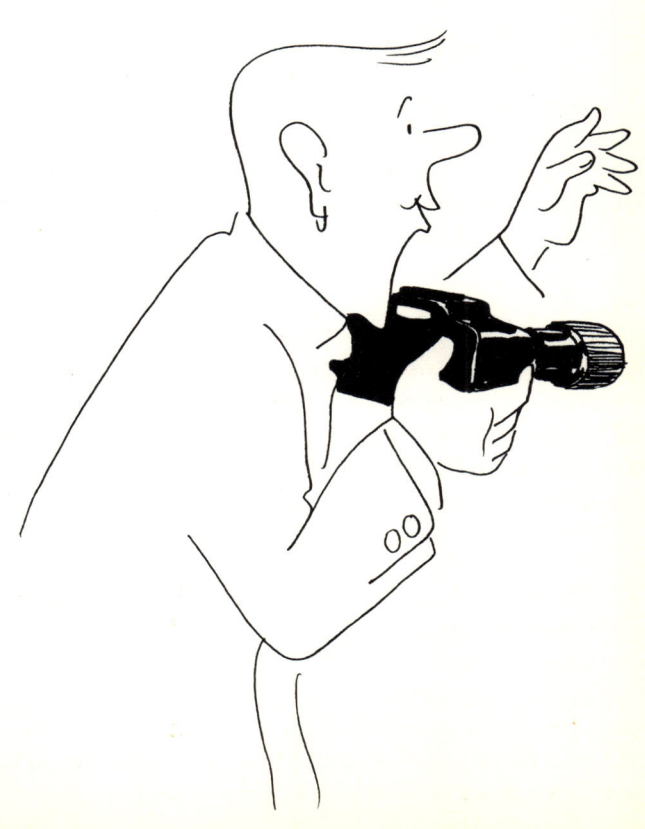

Brigitte kommt ins Krankenhaus, um ihre beste Freundin zu besuchen, und sagt mitleidig: »Mein Gott, ich habe zwar immer damit gerechnet, daß dein Mann dich eines Tages fallenläßt, aber doch nicht gleich aus dem zweiten Stock …!«

*

Die junge Witwe ist in Tränen aufgelöst. Der Pfarrer versucht ihr Trost zu spenden.
»Sie wissen doch, meine Liebe, da gibt es einen, an den Sie sich mit all Ihren Wünschen und Hoffnungen immer schon gewendet haben und der Ihnen auch in Zukunft beistehen wird …«
»Ja, ja, den gibt es, Herr Pfarrer«, schluchzt die junge Frau, »aber er denkt gar nicht daran, mich zu heiraten!«

*

Der Scheidungsanwalt hat eine neue Klientin.
»Sie wollen sich also scheiden lassen, Frau Körner«, sagt er, »und wie soll es durchgeführt werden?«
»Ich übernehme die Schuld, Herr Rechtsanwalt«, meint die Ehefrau großzügig, »und mein Mann die Schulden!«

*

Die Köglbäuerin geht zum Rathaus, um den Tod ihres Mannes zu melden.
Fragt der Beamte: »Wo ist denn der Totenschein?«
»Der was?«
»Die Bestätigung des Arztes, daß Ihr Mann gestorben ist.«
»Mein Mann ist ohne ärztliche Hilfe gestorben!«

Nach der Untersuchung sagt der Gynäkologe: »Sie bekommen ein Kind.«
Die Patientin wird hysterisch. »Das ist doch ganz unmöglich. Mein Mann arbeitet seit einem Jahr im Ausland!«
Nach einer Woche kommt sie wieder in die Sprechstunde und gibt kleinlaut zu: »Ich hatte ja ganz vergessen, daß mein Mann vor zwei Monaten auf Urlaub hier war.«
Der Arzt lacht. »Das klingt schon viel besser. Nur müssen Sie Ihr Köpfchen nochmals bemühen. Sie sind nämlich bereits im vierten Monat!«

Es sagte der Arzt:

»Ihre Frau leidet an einer Stoffwechselkrankheit.«
»Das weiß ich, Herr Doktor, jede Woche will sie ein neues Kleid!«

Das junge Paar wartet bereits längere Zeit im Vorzimmer des Standesamtes. Schließlich erhebt sich die Braut und geht ins Zimmer des Standesbeamten.
»Müssen wir noch lange warten?« fragt sie. »Er wird nämlich schon nachdenklich …«

*

Die Ehefrau des Jägers liegt mit ihrem Liebhaber im Bett. Da hört sie ihren eifersüchtigen Mann kommen.
Sie feuert ihren Liebhaber an: »Mach schneller, Schatz! Bewegliche Ziele trifft mein Mann nie.«

Knapp vier Wochen ist das junge Paar verheiratet, da ruft sie ihre Mutter an und schluchzt: »Wir hatten einen Riesenkrach! Was soll ich bloß machen?«

»Nur ruhig, mein Kind, das kommt in jeder Ehe mal vor«, redet ihr die Mutter gut zu.

»Schon, aber ich weiß nicht, wohin mit der Leiche.«

Es fragte der Arzt:

»Wie geht es der Patientin mit der Gehirnerschütterung?«

»Viel besser, Herr Doktor. Sie hat schon nach einem Spiegel verlangt, um zu sehen, wie ihr der Eisbeutel steht.«

Die junge Frau haucht ihrem Mann zärtlich ins Ohr: »Liebling, freu dich, bald werden wir zu dritt sein.«

Er staunt. »Tatsächlich?«

»Ja, Liebling.« Sie strahlt. »Meine Mutter kommt nächste Woche und zieht bei uns ein – ist das nicht schön?«

*

»Gnädige Frau«, sagt der Arzt, »der Befund ist gar nicht erfreulich. Ich möchte Ihnen raten, sich mindestens zwei Monate lang jeder ehelichen Beziehung zu Ihrem Gatten zu enthalten. Glauben Sie, daß Sie das können?«

»Aber natürlich kann ich das, Herr Doktor. Ich habe ja noch einen Hausfreund.«

Dem jungen Paar wird nach fünf Monaten ein Kind geboren. Sagt der Ehemann, der geglaubt hat, daß seine Frau unberührt in die Ehe gegangen ist: »Gib zu, daß das Kind nicht von mir ist!«

»Wieso?« sagt sie darauf. »Es ist ein Siebenmonatskind.«

»Aber wir sind doch erst fünf Monate verheiratet«, brummt er finster.

Wundert sie sich: »Na und? Weißt du nicht, daß Siebenmonatskinder immer zwei Monate zu früh auf die Welt kommen?«

Es stöhnte die Fahrschülerin:

»Das sage ich Ihnen, Herr Fahrlehrer, wenn ich die Prüfung bestanden habe, kriegt mich kein Mensch mehr in ein Auto hinein!«

»Ich sehe Schreckliches«, flüstert die Wahrsagerin und blickt von der Kristallkugel auf. »Ihr Mann wird morgen ums Leben kommen.«

»Das ist mir bekannt«, antwortet die Besucherin. »Was ich wissen möchte: Werde ich freigesprochen?«

*

Eine der Damen ist neu im Bridgeclub. Sie wird gefragt: »Frau Huffzky, wo ist Ihr Mann eigentlich beschäftigt?«

Antwortet sie hoheitsvoll: »Mein Mann ist überhaupt nicht beschäftigt. Mein Mann ist Beamter!«

Aumann hat es seiner Frau endlich gesagt, daß er sich von ihr scheiden lassen will.

»Hast du dir auch überlegt«, fragt sie scharf, »daß du nie wieder eine Frau wie mich finden wirst?«

»Ja«, murmelt Aumann, »das ist ja meine ganze Hoffnung.«

Es sagte die junge Mutter:

»Wenn ein Mann kommt und das Baby sehen will, dann sofort Name und Adresse notieren!«

Klagt die Braut am Morgen nach der Hochzeitsnacht:
»Mein Gott! Und der Ehering ist mir auch zu klein!«

*

Empört läßt die Ehefrau die Zeitung sinken.
»Erwin, hier steht, daß jeder deutsche Mann im Durchschnitt pro Jahr einhundertvierzigmal Geschlechtsverkehr hat. Wo bleiben eigentlich bei dir die restlichen einhundertzweiunddreißigmal?«

*

Die junge Witwe ist untröstlich. Sie hört nicht auf zu jammern. Ihre beste Freundin versucht sie zu trösten.
»Die Zeit heilt alle Wunden. Warte ab, in einem Monat hast du wieder Spaß am Leben.«

»In einem Monat?« schluchzt die Witwe. »Noch so lange?«

Der Arzt wundert sich. »Haben Sie denn nicht bemerkt, daß Ihr Mann einen Herzinfarkt hatte?«

»Nein«, versichert die Ehefrau. »Etwas merkwürdig ist es mir allerdings schon vorgekommen, als er nach zwanzigjähriger Ehe plötzlich ›Oh, Karin, mein Herz!‹ flüsterte.«

*

Der Standesbeamte kann sich nur noch wundern und fragt die Besucherin kopfschüttelnd: »Sechs Jahre sind Sie nun schon Haushälterin bei Herrn Weber, und heute melden Sie, daß Sie das vierte Kind von ihm haben. Also, es geht mich ja zwar nichts an – aber warum heiraten Sie den Mann eigentlich nicht?«

Die Frau wehrt entrüstet ab: »Also, wissen Sie, so sympathisch ist er mir nun auch wieder nicht!«

Es sagte die Ehefrau:

»Und merke dir, du kannst jeden Tag durch eine Geschirrspülmaschine ersetzt werden!«

»Als neue Mitarbeiterin werden Sie es hier möglicherweise nicht leicht haben«, warnt der Regierungsrat.

»Ach«, meint die junge Dame lächelnd, »wenn ich genauso behandelt werde wie meine Kolleginnen ...«

»Na, wunderbar«, stimmt der schon etwas betagte Regierungsrat erfreut zu, »haben Sie heute abend noch etwas Zeit?«

Haben Sie denn nicht bemerkt, daß Ihr Mann einen Herzinfarkt hatte?
Nein – etwas merkwürdig ist es mir allerdings vorgekommen als er nach zwanzigjähriger Ehe plötzlich »Oh, Karin, mein Herz« flüsterte.

Der Ehemann hat den Anwalt beauftragt, mit seiner Frau zu reden.

»Frau Buchner«, sagt der Anwalt, »Ihr Mann will sich von Ihnen scheiden lassen, weil Sie angeblich nicht zu ihm passen.«

»Ach, Unsinn, Herr Rechtsanwalt«, entrüstet sich die Ehefrau. »Mein Mann ist ein Trottel. Ich passe wirklich sehr gut zu ihm.«

*

Beim Einwohnermeldeamt mahnt der Beamte eine junge Dame am Schalter: »Fräulein, Sie haben vergessen, die Rubrik Beruf auszufüllen.«

Meint sie achselzuckend: »Ach, machen Sie einfach einen Strich ...«

Es seufzte die Ehefrau:

»Wenn doch alles so steigen würde wie der Fleischpreis ...«

»Mein Mann ist nicht zu Hause«, versucht Frau Kern den Vollstreckungsbeamten abzuwimmeln.

»Dann warte ich eben, bis er kommt«, erwidert dieser völlig unbeeindruckt.

Das ist Frau Kern aber überhaupt nicht recht, und sie ereifert sich: »Was glauben Sie eigentlich, wie lange mein Mann bei diesem Mistwetter noch auf dem Balkon stehen soll?«

Petra will sich scheiden lassen. Ihr Anwalt sucht nach Gründen.

»Trinkt er?«

»Nein.«

»Brüllt, tobt oder schlägt er?«

»Auch nicht.«

»Wie steht's mit der Treue?«

Petra strahlt. »Da kriegen wir ihn ran – unser Jüngstes ist nicht von ihm.«

Es sagte die Ehefrau:

»Unglaublich, wie ungerecht diese Scheidungsrichter sind! Der Richter hat die Kinder meinem Mann zugesprochen. Dabei sind sie gar nicht von ihm.«

Daxberger ist gestorben und im Krematorium verbrannt worden. Als die Ehefrau die Asche holen will, ist diese ihr zu grob gemahlen. Sie soll feiner gemahlen werden.

Auch beim zweitenmal ist ihr die Asche noch zu grob, erst beim drittenmal ist die Ehefrau zufrieden.

Der Beamte im städtischen Krematorium kann sich nicht länger beherrschen. »Sagen Sie bloß, Frau Daxberger, warum wollten Sie denn die Asche Ihres Mannes so fein gemahlen haben?«

Darauf entgegnet die Ehefrau: »Wissen Sie, mein Mann war doch Beamter und hat nie viel getan. Seine Asche kommt in die Eieruhr. Jetzt wird gearbeitet!«

Zwei Kolleginnen machen Kaffeepause und unterhalten sich.

»Sag mal«, fragt die eine, »wolltest du dich nicht scheiden lassen?«

»Eigentlich ja«, bestätigt die Kollegin, »aber vorige Woche ging bei uns der Fernseher kaputt, und da lernte ich meinen Mann als einen gescheiten und herzensguten Menschen kennen.«

Es sagte die Ehefrau:

»Also, mein Mann hat doch immer ein Mordsglück: Gestern läßt er sich gegen Unfall versichern, und heute schon ist er überfahren worden!«

»Es gibt wirklich nur einen Grund, weshalb ich mich nicht auf der Stelle von dir scheiden lasse!« tobt die Ehefrau.

»Da bin ich aber gespannt«, höhnt der Ehemann.

»Ich möchte gar zu gern deine Witwe sein!«

Es sagte die Ehefrau:

»Deine Muffeligkeit treibt mich noch zur Scheidung. Das ist nun schon der fünfte Hausfreund, den du mir vergrault hast!«

»Wie schrecklich!«

oder

Gut, daß es noch Nachbarn gibt

Teilnahmsvoll erkundigt sich die Nachbarin: »Ist es wahr, daß Ihr Mann im Krankenhaus liegt?«
»Ja, er ist sehr spät nach Hause gekommen und mit voller Wucht gegen das Garagentor gerast.«
»Wie schrecklich!«
»Ja, und dabei kann man noch von Glück reden, daß er sein Auto nicht dabeihatte!«

Es fragte der Nachbar:

»Und wie fährt es sich in Ihrem Kleinwagen? Gewöhnt man sich daran?«
»Sicher, nur zuerst kneift er ein bißchen ...«

Ganz stolz erzählt Frau Lang ihrer Nachbarin: »Mein Mann hat jetzt das Rauchen aufgegeben.«
»Dazu gehört aber ein starker Wille«, erwidert die Nachbarin voller Anerkennung.
Versichert Frau Lang: »Keine Angst, den habe ich!«

Es sagte der Nachbar:

»Haben Sie schon gesehen, Daxberger hat seiner Frau ein neues Auto gekauft!«
»Der Ganove! Vor drei Wochen hat er eine Lebensversicherung für sie abgeschlossen!«

Der alte Herr Brandner liegt brummig in seinem Krankenhausbett und bekommt Besuch von seinem Nachbarn.

»Wie geht es Ihnen denn, Herr Brandner?« erkundigt sich der Besucher teilnahmsvoll.

»Schlecht!« bellt der Patient. »Ich wäre auch schon längst tot, wenn die Krankenschwestern nicht immer so mit den Türen knallen würden!«

*

Reisacher hat seinen Nachbarn zu einer Autofahrt eingeladen. Dieser sieht immer ängstlicher auf den Tachometer: 180!

»Herr Reisacher, wenn jetzt plötzlich ein Reifen platzen würde!« meint er schüchtern.

»Seien Sie ganz unbesorgt, mein Lieber«, beruhigt Reisacher souverän, »es kann überhaupt nichts passieren, ich habe ja im Kofferraum ein Reserverad!«

*

Pasler ärgert sich wieder einmal lautstark. »Diese dämlichen Autos! Verstopfen die Straßen, stinken wie die Pest, machen einen Mordslärm, gefährden unsere Kinder ...«

Meint sein Nachbar: »Nicht aufregen, Herr Pasler – ich kann mir auch kein Auto leisten!«

*

Die Ehefrau bittet ihre Nachbarin: »Könnten Sie sich heute auf Ihrer Terrasse sonnen? Es wird nämlich höchste Zeit, daß mein Mann unseren Rasen mäht!«

»Heute ist es so heiß, daß ich am liebsten gar nichts anziehen würde«, sagt Florian, als er aus der Dusche kommt. »Was würden wohl die Nachbarn sagen, wenn ich jetzt so den Rasen mähe?«

Die Ehefrau ist nicht um eine Antwort verlegen. »Vermutlich, daß ich dich nur wegen deines Geldes geheiratet habe.«

*

Die Nachbarinnen sitzen beim Kaffee zusammen.

»Erstaunlich, daß man Ihren Mann nicht pensioniert«, wundert sich die eine, »er hört doch fast gar nichts mehr.« »Kein Problem«, erwidert die Beamten-Ehefrau. »Man hat ihn in die Beschwerdeabteilung vom Finanzamt versetzt.«

Es fragte der Nachbar:

»Womit haben Sie denn Ihr Haus gebaut?«
»Mit den Steinen, die mir die Beamten vom Bauamt in den Weg gelegt haben!«

Der Ehemann ist gestorben, und die Nachbarin spricht der jungen Witwe ihr Beileid aus.

»Das einzige, was mich am Tod meines Mannes trösten kann«, seufzt die junge Frau, »ist, daß er keine lange Leidenszeit hatte.«

»Ach«, sagt die Nachbarin, »so kurz waren Sie verheiratet?«

Pasler ist mit dem neuen Nachbarn ins Gespräch gekommen. »Sie sind doch Beamter im Kultusministerium, nicht wahr? Da haben Sie doch sicherlich furchtbar viel zu tun ...«

»Ach, bewahre«, wehrt der Nachbar ab. »Wenn wir nicht so intelligent wären, wüßten wir gar nicht, wie wir das bißchen Arbeit auf mehrere Beamte aufteilen sollten!«

Es fragte der Briefträger:

»Sie sind doch die Hausmeisterin. Wohnt hier im Haus ein gewisser Vogel?«
»Ja, durch die Einfahrt, das Hinterhaus rechts, zweiter Stock. Er heißt Fink.«

Nachbartratsch im Treppenhaus. »Haben Sie den furchtbaren Krach gehört, den die Pfeifers gestern hatten?«
»Natürlich, was war denn da los?«
»Stellen Sie sich vor: Der Mann hatte in den ›St. Pauli Nachrichten‹ nach einer Partnerin für ausgefallene Spiele gesucht. Und ausgerechnet seine Frau hat sich auf das Inserat gemeldet!«

*

»Fahren Sie aber ein schönes Auto!«
»Das bin ich meiner Position schuldig.«
»Und woher haben Sie das viele Geld dafür?«
»Das bin ich meiner Bank schuldig!«

Aufgeregt ruft der Nachbar über den Zaun: »Schnell, Herr Köstler, meine Dogge und Ihre Schwiegermutter sind aneinandergeraten!«
Köstler bleibt völlig unbeeindruckt. »Nur keine Aufregung, Herr Nachbar, der Hund wird sich bestimmt zu wehren wissen.«

*

Die Nachbarn unterhalten sich über den Gartenzaun hinweg.
»Na, wie geht's Ihrem Bruder?« fragt der eine. »Wenn ich mich recht erinnere, wollte er unbedingt in den Staatsdienst. Was macht er jetzt?«
»Nichts.« Der andere zuckt die Achseln. »Er ist drin.«

Es fragte die Nachbarin:

»Ist Herr Seehofer eines natürlichen Todes gestorben?«
»Oh, ja, gewiß. Er ist auf der Straße von einem Auto überfahren worden.«

»Wo ist denn Ihre wunderschöne Standuhr?« fragt die Nachbarin und sieht sich suchend in der Wohnung um.
»Ach«, meint Frau Lehmann, »die hat der Uhrmacher abgeholt.«
Ruft der kleine Sohn dazwischen: »Aber zuerst wollte er den Teppich haben, Mutti!«

Schlecht gelaunt kommt der Ehemann nach Hause, wirft sich in den Sessel und greift zur Zeitung.

»Du solltest dir mal an unserem Nachbarn ein Beispiel nehmen«, hält ihm seine Frau vor. »Wenn der nach Hause kommt, umarmt er seine Frau und küßt sie zärtlich. Warum tust du das nicht auch?«

»Du hast vielleicht Nerven!« brummt er. »Ich kenne die Frau doch gar nicht!«

Es sagte der Ehemann:

»Als die Nachbarn neue Möbel kauften, mußtest du auch neue haben, als sie einen Farbfernseher kauften, mußtest du auch einen haben – und mit dem Auto war es genauso. Doch was machen wir jetzt? Der Nachbar hat eine neue Frau!«

»Wie machen Sie das eigentlich?«

oder

Auf Experten ist eben Verlaß

»Stellen Sie sich vor«, sagt der Prüfer, »Sie fahren auf einer Landstraße mit Tempo neunzig. Und plötzlich versucht ein Flugzeug vor Ihnen zu landen. Was machen Sie in diesem Fall?«
Der Prüfling antwortet munter: »Ich drehe mich um.«
»Warum denn das?« fragt der Prüfer verblüfft.
»Um nachzusehen, ob nicht von hinten vielleicht ein U-Boot kommt!«

Es versprach der Arzt:

»Glauben Sie mir, ich werde die Ursache Ihrer Krankheit finden, und wenn ich eine Autopsie vornehmen muß!«

Hans-Peter fährt mit seinem alten, klappernden Uraltmodell zur Tankstelle.
»Bitte einmal Ölwechsel«, sagt er.
Der Tankwart wirft einen flüchtigen Blick auf das Gefährt und meint dann: »Wenn ich Ihnen einen guten Rat geben darf, wechseln Sie lieber das Auto!«

*

Der Internist knöpft sich seine Tochter vor. »Sag mal, hast du deinem neuen Freund gesagt, daß ich nicht viel von ihm halte?« will er wissen.
»Ja, das habe ich«, erwidert das Töchterchen, »aber er meint, daß das nicht deine erste Fehldiagnose sei!«

Ein furchtbarer Sturm hat das Garagendach eines Bauern zerstört.

»Was willst du denn jetzt mit dem verbogenen Wellblech machen?« fragt sein Nachbar.

»Ich schicke es einer Autofirma«, erwidert das schlaue Bäuerlein. »Die werden es sicher noch irgendwie gebrauchen können.« Nach zwei Wochen kommt ein Brief von den Autowerken. *Bestätigen den Empfang Ihres Autos. Reparatur wird längere Zeit in Anspruch nehmen.*

Es fragte die Touristin:

»Würden Sie mir bitte den kürzesten Weg zum Hauptbahnhof beschreiben?«
»Tut mir leid, gnädige Frau, aber ich bin Taxifahrer!«

Ein Facharzt für Akupunktur und ein Chirurg streiten sich. Brüllt der Akupunkteur: »Sie sind ein ganz wüster Aufschneider!«

Darauf der Chirurg: »Ach, Sie mit Ihren ewigen Sticheleien …«

Es sagte der Psychologe:

»Wenn ein Mann einer Frau die Autotür aufhält, ist entweder das Auto neu oder die Frau.«

Waiblinger gibt seine Erfahrungen als Autofahrer zum besten. »Wenn man am Steuer sitzt, soll man sich durch nichts, wirklich durch gar nichts ablenken lassen. Wie leicht passiert sonst ein Unglück!«
Sein Kollege pflichtet ihm bei. »Das stimmt. Ich habe einmal eine Anhalterin mitgenommen, sie während des Fahrens geküßt, und schon war das Unglück passiert – ein halbes Jahr später war ich mit ihr verheiratet!«

*

Ein Mann steigt ins Taxi. »Bitte, fahren Sie mich rasch zum Flughafen. Ich muß die Zwei-Uhr-Maschine erreichen.«
»Das langt nicht«, lehnt der Taxifahrer ab, »die Linienmaschinen sind immer pünktlich.«
Meint der Fahrgast: »Heute langt es. Ich bin der Pilot.«

Es seufzte der Arzt:

»Wir Ärzte haben doch sehr viele Feinde in dieser Welt!«
»Ja, aber noch mehr in der anderen!«

Autofahrer: »Sind diese Zündkerzen auch wirklich gut?«
Mechaniker: »Da können Sie ganz sicher sein, die halten Ihnen das ganze Leben!«
Autofahrer: »Gut, ich nehme sie.«
Mechaniker: »Sehr gern, und darf ich Ihnen gleich zwei Reservekerzen dazu einpacken?«

Eine junge Dame kommt zum Automechaniker und bittet ihn, sich ihren Wagen einmal anzusehen. »Ich kann mir das nicht erklären. Mein Motor pfeift dauernd.«
Der Mechaniker grinst. »Würde ich auch tun.«

Es fragte der Quizmaster:

»Was machen Sie, wenn Sie mit einem Jeep durch die Wüste fahren und Ihnen ein Löwe begegnet?«
»Links blinken und rechts abbiegen!«

Ein Autofahrer bleibt mit seinem Wagen in einem völlig verschlammten Hohlweg stecken. Ein Bauer schleppt ihn mit einer Zugmaschine frei und verlangt dann hundert Mark.
»Was?« empört sich der Autofahrer. »Na, bei dem Tarif würde ich an Ihrer Stelle Tag und Nacht Autos abschleppen.«
Brummt der Bauer: »Nachts lohnt es sich wirklich nicht, den Hohlweg unter Wasser zu setzen.«

Es fragte der Professor:

»Warum sprechen Ärzte im Operationssaal immer lateinisch? – Damit sich der Patient langsam an eine tote Sprache gewöhnt!«

»Ehe wir losfahren«, sagt der Taxifahrer zum Fahrgast, »möchte ich mir gern mal Ihre Handflächen ansehen.«
Der Mann hält verblüfft die Hand hin und fragt: »Was um Himmels willen soll denn das?«
»Ach, wissen Sie«, sagt der Fahrer, »meine Bremsen sind nicht in Ordnung, deshalb fahre ich nur Leute, die eine lange Lebenslinie haben ...«

Es sagte der Arzt:

»Das Medikament, das ich Ihnen verschreibe, ist so stark, daß es nur Patienten nehmen dürfen, die kerngesund sind!«

Stolz erzählt der Forscher seiner Frau: »Zu deinem Geburtstag habe ich eine große Überraschung für dich.«
»Oh. Was ist es denn? Da bin ich aber neugierig.« Sie schaut ihn erwartungsvoll an.
»Also, wenn du's jetzt schon wissen willst, ich sag' es dir: Ich habe einen Virus nach dir benannt.«

*

Ein Mann mit einem Hörgerät steigt in ein Taxi.
»Es muß doch schlimm sein, wenn man taub ist«, sagt der Taxifahrer freundlich, um sein Mitgefühl zu bekunden. »Aber schließlich haben wir alle unser Päckchen zu tragen. Nehmen Sie mich zum Beispiel, ich sehe kaum etwas ...«

Das Medikament, das ich Ihnen verschreibe, ist so stark, daß es nur Patienten nehmen dürfen, die kerngesund sind.

Spezialisten unter sich.

»Bei dir piept's wohl«, sagt Narben-Otto zu Blüten-Ede.
»Warum druckst du denn Fünfundsiebzigmarkscheine?«
»Fürs Finanzamt«, meint da Blüten-Ede. »Die nehmen
alles.«

Es fragte der Fahrschüler:

»Was tut man, wenn einem bei hundertzwanzig Stun-
denkilometern Geschwindigkeit ein Reifen platzt
und einem gleichzeitig ein Laster entgegenkommt?«
»Am besten abspringen und einen Schrotthandel eröffnen.«

Zwei Taxis sind zusammengekracht.
»Was ist denn mit dir los?« brüllt der eine Fahrer. »Bist du
blind?«
»Blind?« gibt der andere zurück. »Wieso denn? Ich habe
dich doch prima getroffen!«

*

Große Führung für die Mitglieder des Automobilclubs
durch eine Raffinerie. In zwei Stunden hat man alles Wich-
tige von der Benzinherstellung gehört.
Ein älteres Fräulein meldet sich zu Wort. »Das war wirklich hochinteressant, Herr Doktor«, sagt sie, »bloß eines
ist mir noch nicht ganz klargeworden: Wie kommt es, daß
Sie überall, wo Sie eine Tankstelle bauen, auf Öl stoßen?«

An der Ampel tippt der Fahrgast dem Taxifahrer von hinten auf die Schulter, weil er ihn um Feuer bitten will.
Der Chauffeur stößt einen schrillen Schrei aus.
»Was ist denn nun los?« will der Fahrgast wissen.
»Mann, Sie haben mich zu Tode erschreckt!« keucht der Taxifahrer. »Ich mache das doch nur zur Aushilfe. Normalerweise fahre ich einen Leichenwagen!«

Die Ehevermittlerin geht noch einmal ihre Kartei durch, dann erklärt sie: »Dieser Herr ist das beste, was ich auf Lager habe; intelligent, gutaussehend, sympathisch …«
Die Interessentin wehrt ab: »Danke, mit dem war ich fünf Jahre lang verheiratet!«

Ein Taxischild:
Lieber Fahrgast, bitte bedenken Sie: Wollen Sie lieber fünfzig fahren und achtzig werden oder umgekehrt?

*

Eine Ordensschwester fährt mit einem Krankenwagen über Land. Fünfhundert Meter vor der nächsten Tankstelle ist kein Tropfen Benzin mehr im Tank.
Die Schwester, eingedenk des Grundsatzes »Hilf dir selbst, dann hilft dir Gott«, greift nach einer im Wagen vorhandenen Urinflasche und läuft zur Tankstelle.
Mit der Flasche voll Benzin, dessen Farbe fatal an das erinnert, was sich normalerweise in der Flasche befindet, kommt sie zu ihrem Wagen zurück und füllt ein.
Da stoppt neben ihr ein Auto. Der Fahrer kurbelt das Fenster herunter und meint kopfschüttelnd: »Ihren Glauben müßte man haben …!«

Es fragte der Mann vom TÜV:

»Ist Ihr Wagen schon einmal gründlich überholt worden?«
»Schon oft. Sogar von Fußgängern.«

Der Standesbeamte:
»Heiraten bringt Musik in das Leben eines Mannes!«
Der Brautvater: »Stimmt, man lernt schnell, die zweite Geige zu spielen!«

An dem nagelneuen Wagen ist nun schon zum drittenmal das Getriebe im Eimer.

Der Kfz-Meister nimmt den Pechvogel zur Seite und fragt: »Mal ganz im Vertrauen. Wir tauschen natürlich das Getriebe wieder auf Garantie aus. Aber wie machen Sie das eigentlich?«

Erklärt der Mann mit Unschuldsmiene: »Ich fahre den Wagen ganz normal: erster Gang bis zwanzig Kilometer, zweiter bis fünfzig, dritter bis sechzig und vierter Gang bis hundertdreißig Kilometer – dann schalte ich auf ›R‹, in den Rallyegang!«

Es sagte der Missionar:

»Ich will ja nicht behaupten, daß meine Frau eine böse Zunge hat, aber die Wilden kommen von weit her, um mit ihrer Spucke die Pfeile zu vergiften.«

»Nach dem Bau dieser neuen Autobahn sind Sie in einer Stunde in Ampfingen.«

»Und was soll ich in einer Stunde in Ampfingen?«

Es sagte der Sportwagenfan:

»Autozubehör wird auch immer teurer. Ganz besonders das blonde!«

Der uralte Millionär hat noch einmal geheiratet.
In der Hochzeitsnacht fragt er seine süße junge Braut:
»Sag mal, Liebling, deine Mutter hat dich doch aufge-
klärt?«
»Leider nein«, stammelt seine Frischangetraute errötend.
»Verdammt«, murmelt ihr Gatte, »und ich hab's ver-
gessen!«

*

Zwei frischgebackene Kraftfahrzeuglehrlinge überprüfen
ein Auto.
»Scheinwerfer?«
»Geht.«
»Rücklichter?«
»Gehen.«
»Blinker?«
»Geht, geht nicht, geht, geht nicht ...«

Es stand in der Autozeitung:

*Wird an einer Straßenkreuzung der Verkehr polizei-
lich geregelt, so darf der Autofahrer, der einbiegen
will, den Polizisten erst dann überfahren, wenn das
Zeichen für freie Fahrt gegeben ist.*

Woran erkennt man das Ende der Flitterwochen?
Wenn ein Mann vor dem Zubettgehen seine Hosen ordentlich aufhängt!

Lästerlich fluchend repariert Landthaler an seinem Auto herum. Der dazukommende Pfarrer ist entsetzt.

»Aber, Herr Landthaler, versündigen Sie sich doch nicht! Probieren Sie es einmal anders. Sagen Sie: Lieber Gott, mach bitte, daß mein Auto wieder läuft!«

Landthaler folgt dem frommen Ratschlag, und siehe da, der Wagen springt an. Landthaler fährt los.

Zurück bleibt der Pfarrer. Äußerst verwirrt murmelt er vor sich hin: »Na so was, das hätte ich nun auch wieder nicht gedacht!«

Es diagnostizierte der Arzt:

»Der Patient spricht auf das neue, verbesserte Mittel nicht an. Wahrscheinlich hat er eine von den neuen, verbesserten Infektionen ...«

Der Fahrlehrer schlägt die Augen gen Himmel.

»Liebe Frau«, seufzt er, die Dinger, von denen Sie behaupten, daß Sie die Schuhe kaputtmachen, heißen Kupplung, Bremse und Gaspedal!«

*

»Warum hast du denn die eine Seite deines Autos blau und die andere grün lackieren lassen?«

»Ganz einfach – du sollst mal sehen, wie sich da die Zeugen widersprechen!«

Der Patient spricht auf das neue, verbesserte Mittel nicht an. Wahrscheinlich hat er eine von den neuen, verbesserten Infektionen

Ein Tourist nimmt sich in Rom ein Taxi. Während der rasenden Fahrt fragte er schließlich den Taxifahrer: »Sind Sie verrückt? Das war bereits der dritte Fußgänger, den Sie angefahren haben.«

Empört sich der Taxifahrer: »Sind Sie als Tourist hier oder als Statistiker?«

Es sagte der Buchhändler:

»Und hier kann ich Ihnen die lang erwartete Neu-erscheinung zeigen: ›Die Freuden und Leiden der Ehe‹, vierhundertachtzig Seiten. Der erste Teil behandelt die Freuden der Ehe und der zweite Teil die Leiden der Ehe. Der zweite Teil beginnt auf Seite elf.«

Mit wahnwitziger Geschwindigkeit rast das Taxi die Landstraße entlang.

»Keine Angst«, beruhigt der Taxifahrer seinen Fahrgast, »ich passe schon auf. Schließlich habe ich keine Lust, gleich wieder im Krankenhaus zu landen.«

»Waren Sie denn schwer verletzt?« fragt der Fahrgast.

»Ach was, keine Schramme. Ich lag doch auf der Psychiatrie.«

*

Die beiden Fahrprüfer sind sich einig.

»Also, abgemacht«, sagt der eine zum anderen. »Du läßt meine Frau durchfallen und ich deine.«

Vor der Ehe lassen manche Frauen den Partner schmoren; danach bringen sie ihn oft in erstaunlich kurzer Zeit zum Kochen.

Es sagte der Psychologe:

»Ein vorbildlicher Ehemann sieht phantastisch aus, ist zärtlich, einfühlsam, stets freundlich, zuvorkommend und – schon längst mit einer anderen verheiratet.«

Ein Parkplatz ist ein kleiner Zwischenraum auf der gegenüberliegenden Straßenseite, der verschwindet, während man sein Auto wendet.

*

Weinend schlägt die junge Nonne die Tür zum Behandlungszimmer hinter sich zu und stürmt mit hochrotem Kopf aus der Praxis.
»Was war denn mit der Schwester los?« fragt der nächste Patient den Internisten.
»Ich habe Ihr eröffnet, daß sie schwanger ist.«
»Donnerwetter! Wirklich?«
»Natürlich nicht«, sagt der Arzt, »aber wissen Sie vielleicht eine bessere Methode, jemanden vom Schluckauf zu heilen?«

Ein vorbildlicher Ehemann
sieht phantastisch aus,
   ist zärtlich, einfühlsam,
stehts freundlich,
   zuvorkommend –
und – schon
längst mit
einer anderen
verheiratet.

»Herr Doktor, was war es noch mal, was ich habe?«

oder

Einmal Patient, immer Patient

Abelein geht zum Arzt. Nach zwei Stunden Wartezeit kommt er endlich dran. Als er im Sprechzimmer ist, klingelt das Telefon des Arztes mehrmals, so daß Abelein mit der Schilderung seiner Beschwerden immer wieder von vorn anfangen muß.

Als das Telefon abermals klingelt und der Doktor einen Patienten telefonisch berät, geht Abelein zur Tür.

»Wo wollen Sie denn hin?« ruft der Arzt.

»Zur nächsten Telefonzelle!«

*

Langsam hat sich das Wartezimmer geleert, nur in der Ecke drüben sitzt noch ein junges Paar.

»Der nächste bitte«, sagt Dr. Meisel, und die junge Dame erhebt sich. »Kommen Sie ruhig mit rein«, fordert der Arzt den jungen Mann auf. Der tut's. »Und jetzt machen Sie sich bitte frei«, sagt Dr. Meisel zu der Patientin. Er beginnt mit der Untersuchung. Zwischendurch wendet er sich an den jungen Mann und fragt: »Ist sie eigentlich schon lange so nervös?«

Der zuckt die Achseln. »Das kann ich Ihnen leider nicht sagen – ich habe die junge Dame heute zum erstenmal gesehen!«

*

»Klarer Fall, Sie haben einen Hexenschuß«, sagt der Arzt nach der Untersuchung seines Patienten.

Dieser schüttelt verständnislos den Kopf. »Ich verstehe es wirklich nicht, daß ein studierter Mann wie Sie, Herr Doktor, an solchen mittelalterlichen Hokuspokus glauben kann!«

Die Patientin redet unaufhörlich.

»Strecken Sie mal die Zunge raus«, verlangt der Arzt.

Die Patientin tut es. Nach fünf Minuten kann sie es nicht mehr aushalten. »Sie haben gesagt, ich soll die Zunge rausstrecken«, sagt sie vorwurfsvoll, »und jetzt haben Sie sie noch nicht einmal angeschaut!«

»Ich wollte nur in Ruhe das Rezept ausschreiben«, erwidert der Arzt.

*

»Sie müssen aufhören, Schlaftabletten zu nehmen«, mahnt der Arzt, »das wird sonst leicht zur Gewohnheit.«

»Ach was«, meint der Patient, »ich nehme diese Tabletten schließlich seit über zehn Jahren, und es ist nicht zur Gewohnheit geworden!«

*

Der Arzt redet seinem Patienten ins Gewissen. »Vor allen Dingen müssen Sie bald mit Ihrem unsoliden Lebenswandel Schluß machen, sonst könnte es eines Tages zu spät sein!«

Der Patient ist einsichtig. »Das leuchtet mir ein, Herr Doktor, aber was halten Sie denn für den äußersten Termin?«

*

Ein Sportler liegt mit einer bösen Erkältung im Bett.

»Sie haben hohes Fieber«, stellt der Arzt fest.

»Wie hoch, Herr Doktor?«

»Einundvierzig Grad.«

»Und bei wieviel Grad liegt der Weltrekord?«

»Mein Arzt hat mir damals prophezeit, er hätte mich in spätestens vier Wochen wieder auf den Beinen!«
»Und? Ist es ihm gelungen?«
»Haargenau! Als er mir die Rechnung für die Behandlung schickte, habe ich mein Auto verkaufen müssen!«

*

Der Arzt will Haslinger überlisten. »Trinken Sie mal drei Wochen lang keinen Alkohol, dann werden wir sehen, ob sich Ihre Krankheit bessert.«
Haslinger hat einen besseren Vorschlag. »Könnten wir das nicht umgekehrt machen? Ich trinke drei Wochen lang doppelt soviel, dann werden wir sehen, ob sich die Krankheit verschlimmert!«

*

Der Arzt verabschiedet einen Patienten in der Sprechstunde mit den Worten: » Morgen früh kommen Sie bitte wieder und bringen Ihren Urin mit.«
Tags darauf erscheint der Patient pünktlich in der Sprechstunde mit einem Nachttopf voller Urin.
»Du liebe Zeit!« empfängt ihn der Arzt. »Sind Sie damit zu Fuß gekommen?«
»Nein, mit dem Bus, Herr Doktor.«

*

»Die großen Dragees müssen Sie unzerkaut schlucken. Werden Sie das schaffen?« fragt der Arzt.
»Kein Problem«, versichert der Patient. »Zu Hause muß ich noch ganz andere Brocken schlucken!«

Ein alter Herr, der wegen seiner eingebildeten Krankheiten immer neue Ärzte aufsucht, gerät an einen jungen Arzt, der sich erst vor kurzem niedergelassen hat. Der junge Arzt widerspricht pausenlos den Erläuterungen des Patienten über seine Beschwerden.

Da meint der Hypochonder gekränkt: »Nehmen Sie es mir nicht übel, Herr Doktor, aber ich finde es ein starkes Stück, wenn ein so junger Arzt wie Sie anderer Meinung ist als so ein alter und erfahrener Patient wie ich!«

Es seufzte die alte Dame:

»Ach, Herr Doktor, ich habe mich ja so an Sie gewöhnt. Wer wird mich bloß pflegen, wenn Sie einmal sterben.«

Der Arzt trifft einen Patienten, der ziemlich betrunken ist. »Wie wollen Sie jemals gesund werden, wenn Sie weiter so trinken?«

Der Mann ist nicht um eine Antwort verlegen. »Herr Doktor, wie wollen Sie leben, wenn Ihre Patienten alle gesund werden würden?«

*

»Ihr Gehör wird immer schlechter«, sagt der Arzt bei der Routineuntersuchung zu dem alten Herrn. »Mit Rauchen, Trinken und Sex sollten Sie deshalb aufhören.«

»Was?« bellt der Alte. »Bloß damit ich besser höre?«

Der Patient unternimmt einen neuen Vorstoß. »Herr Doktor, darf ich jetzt wieder Wein und Schnaps trinken?«
»Aber, hören Sie mal, das habe ich Ihnen doch vor vier Wochen verboten.«
»Das schon. Ich dachte nur, die Wissenschaft hätte in der Zwischenzeit Fortschritte gemacht.«

*

Ein alter Herr, der in seinem Leben gern und viel getrunken hat, muß sich im Krankenhaus einer leichten Operation unterziehen. Hinterher bekommt er nur Milch zu trinken.
Als ihn der Chefarzt bei der Visite fragt, wie es ihm gehe, meint der alte Herr: »Danke, schon besser. Und jetzt weiß ich auch endlich, weshalb Babys so viel schreien!«

*

Der Chirurg, der sich vor der Operation die Hände reinigt, ruft seinem Assistenten zu: »Alkohol, bitte.«
»Herr Doktor«, stöhnt der Patient verzweifelt, »mit der Operation bin ich ja einverstanden, aber würde es Ihnen viel ausmachen, wenn Sie erst danach etwas trinken?«

*

Zöllinger ist beim Arzt. Der Doktor untersucht ihn gründlich und fragt dann: »Sagen Sie mal, sind Sie schon einmal auf Zucker untersucht worden?«
»Nein, das noch nicht«, meint Zöllinger nach einigem Nachdenken, »aber auf Schnaps und Zigaretten an der holländischen Grenze.«

In der Klinik klingelt das Telefon im Vorzimmer des Chefarztes. Die Sekretärin nimmt den Hörer ab.

»Ich möchte gern wissen, wann Herbert Giese, Zimmer zweihunderteins, entlassen wird«, sagt eine helle Männerstimme.

»Wenn nichts Unerwartetes passiert, kann er in einer Woche nach Hause«, antwortet die Sekretärin. »Aber mit wem spreche ich denn bitte?«

»Mit Herbert Giese. Ich wollte endlich mal was Genaues über mein Befinden wissen, wo einem hier doch ständig alles verheimlicht wird!«

*

Der ältere Herr ist beim Arzt.

»Mir ist nachts immer so kalt«, sagt er. »Ich habe kalte Finger, eine kalte Brust, kalte Füße – was kann man denn dagegen tun?«

»Ach«, sagt der Arzt, »das ist nicht so schlimm. Das habe ich auch manchmal. Dann nehme ich meine Frau in die Arme, strecke meine Füße gegen die ihren und presse sie ganz fest an mich. Dann wird mir schnell warm.«

»Mhm«, macht der Patient. Nach kurzem Nachdenken fragt er dann: »Wäre es denn der Frau Doktor am Mittwochabend recht?«

*

Umhauser geht zum Arzt. Nach der Untersuchung wiegt der Doktor bedenklich den Kopf und fragt: »Trinken Sie?«

»Aber ja«, erwidert Umhauser erfreut. »Was haben Sie denn anzubieten?«

»Haben Ihnen die Badetabletten gutgetan?« fragt der Arzt.
»Na ja«, erwidert Frau Grasmück, »ich habe sie ja runter-
gekriegt, aber ein richtiges Bad ist mir doch lieber.«

*

Frau Schulze läßt ihre Kreislaufstörungen mit Hypnose
behandeln.
»Sie sind geheilt«, sagt der Hypnotiseur endlich nach zahl-
reichen Sitzungen. Er blickt ihr tief in die Augen.
»Wiederholen Sie nun meine Worte, und sagen Sie, daß Sie
geheilt sind!«
»Ich bin geheilt!« jubelt Frau Schulze.
»Das kostet fünfhundert Mark«, sagt der Hypnotiseur.
Da blickt Frau Schulze ihm tief in die Augen und sagt: »Ich
habe bezahlt. Sagen Sie, daß ich bezahlt habe!«

*

»Nehmen Sie ruhig die Maske ab, Herr Doktor«, meint der
Patient auf dem Operationstisch vor der Narkose, »ich
habe Sie längst erkannt.«

*

»Es scheint Ihnen gutzugehen«, freut sich der Arzt, als er
den Patienten vierzehn Tage nach der Behandlung wieder-
sieht. »Sie machen einen frischen, gesunden Eindruck. Das
Medikament hat also gewirkt.«
»Ja, Herr Doktor«, erwidert der Patient erleichtert. »Ich
habe mich auch genau an die Anweisung gehalten.«
»Was stand denn Besonderes auf der Anweisung?«
»Flasche fest verschlossen halten.«

Vor einer komplizierten Handoperation fragt der Patient den Chirurgen: »Meinen Sie, daß ich diese Hand jemals wieder bewegen kann?«

»Aber selbstverständlich«, beruhigt ihn der Arzt.

»Ob ich mit der Hand wohl auch Klavier spielen kann?« drängt der Patient weiter.

Auch das bestätigt der Chirurg.

»Prima«, freut sich der Patient, »das konnte ich bisher noch nicht.«

*

Der Patient sieht, wie die Ärzte vor der Operation Gummihandschuhe überstreifen.

»Aha, ihr Feiglinge«, meint er grimmig, »ihr wollt wohl keine Fingerabdrücke hinterlassen!«

Es sagte der Patient:

»Herr Doktor, lieber will ich sterben, als mich operieren lassen!«

»Seien Sie doch nicht so töricht – beides läßt sich doch auch miteinander verbinden!«

»Sie haben leider Wasser«, diagnostiziert der Arzt.

»Das kann nicht sein, ich trinke nie einen Schluck Wasser«, entrüstet sich der Patient. Nach einer kurzen Pause ergänzt er nachdenklich: »Das kann dann nur vom Eis kommen, das ich in meinen Whisky tue.«

»Guten Tag«, sagt der Elektriker zu dem Patienten, der an die Eiserne Lunge angeschlossen ist, »ich muß Sie bitten, mal kräftig durchzuatmen.«

»Warum?« keucht der Patient.

»Ich muß für eine Viertelstunde den Strom abstellen.«

*

Der Patient weiß, daß er nur noch kurze Zeit zu leben hat. Sein Arzt kann ihm nicht mehr helfen, will ihn aber ein bißchen aufmuntern.

»Hm«, meint er, »der Puls ist gut, das Herz ist ausgezeichnet, die Lungen arbeiten tadellos, das Fieber scheint zu sinken …« Da unterbricht ihn der Todkranke und röchelt mühsam: »Mit einem Wort: Ich werde bei bester Gesundheit sterben.«

*

En Mann kommt zum Arzt. »Ich bin jetzt fünfunddreißig Jahre alt, Herr Doktor«, sagt er, »und möchte gern achtzig oder neunzig werden. Wie schaffe ich das?«

»Durch Enthaltsamkeit in der Liebe.«

»Ich mache mir sowieso nichts aus Frauen.«

»Nicht rauchen.«

»Ich habe noch nie in meinem Leben eine Zigarette geraucht.«

»Dann halten Sie sich beim Essen zurück, wenig tierische Fette.«

»Ich bin Rohköstler und esse nur vegetarisch.«

Da betrachtet der Arzt den Patienten sehr nachdenklich und fragt: »Und warum, zum Teufel, wollen Sie bei einem solchen Jammerleben überhaupt so alt werden?«

Ein Mann kommt aus einem Haus und murmelt vor sich hin: »Hummer? Nein, Hummer war es nicht. Schnecken? Nein, Schnecken waren es nicht. Langusten? Nein, Langusten waren es nicht. Tintenfisch? Nein, Tintenfisch war es auch nicht.«

Er geht zurück zu dem Haus und klingelt. Ein Mann in weißem Kittel öffnet.

»Herr Doktor, was war es noch mal, was ich habe?«

Darauf der Mann im weißen Kittel: »Wie oft soll ich es Ihnen denn noch sagen? Krebs haben Sie!«

Es fragte der Patient:

»Und wenn die Operation mißlingt, Herr Doktor?«
»Machen Sie sich keine Sorgen, das spüren Sie gar nicht!«

*

Der Patient sitzt im Wartezimmer und blättert in den Zeitschriften. Plötzlich sagt er zu seinem Nachbarn:

»Um Himmels willen, der Doktor wird doch wohl kein Anfänger sein?«

»Wie kommen Sie denn darauf?«

»Die Zeitschriften sind erst drei Wochen alt.«

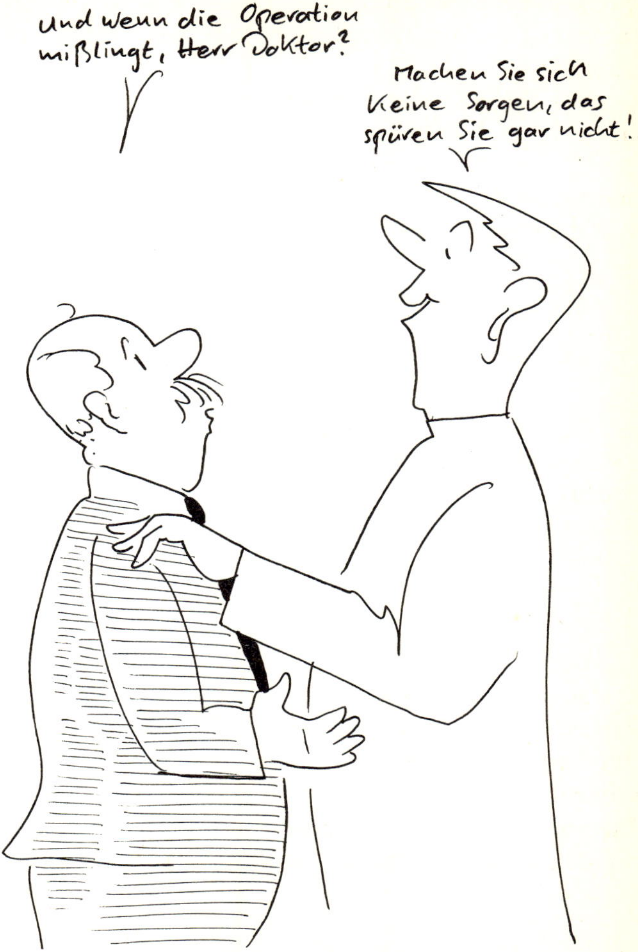
Und wenn die Operation mißlingt, Herr Doktor?
Machen Sie sich keine Sorgen, das spüren Sie gar nicht!

»Man wird ja wohl mal zehn Minuten verschnaufen dürfen!«

oder

Ausgerechnet Sex

»Herr Doktor, was ist, wenn ich heute nacht nicht einschlafen kann?« fragt der Patient bei seiner Einlieferung den Stationsarzt.

»Dann bringt Ihnen die Nachtschwester eine Schlaftablette.«

»Und wenn ich dann immer noch keinen Schlaf finde?«

»Dann schicke ich Ihnen Schwester Elke. Die sieht aus wie eine Sexbombe.«

»Ja, und wenn …«

»Wenn Sie dann immer noch schlafen wollen, wissen wir, daß Sie ernstlich krank sind.«

*

Das Taxi hält in einer verschwiegenen Seitenstraße. Er küßt sein Mädchen zum Abschied. Die Kastanienbäume duften. Sie küßt ihn zum Abschied. Es ist ein wunderbarer Abend. Die Taxiuhr läuft munter weiter, und immer noch küssen sich die beiden.

Schließlich dreht sich der Taxifahrer um und meint ganz sachlich: »Macht es Ihnen was aus, wenn ich mir auch ein Mädchen hole?«

*

Ein junges Mädchen kommt in die Praxis des Frauenarztes. Nach eingehender Untersuchung meint der Doktor ernst: »Wie ist das nur passiert, daß Sie in so jungen Jahren schon in anderen Umständen sind?«

»Ach, wissen Sie, Herr Doktor, es war so dunkel im Park, man konnte die Hand nicht vor Augen sehen.«

Darauf erwidert der Arzt: »Aber Kindchen, nicht auf die Hand, auf andere Dinge hätten Sie achten müssen.«

Der ältere Herr bittet seinen Arzt um ein Stärkungsmittel. Er bekommt seine Pillen und geht zuerst einmal in ein Restaurant. Dem Ober drückt er drei Tabletten in die Hand mit der Bitte, sie in die Suppe zu tun.

Als dann die Suppe ewig nicht kommt, entschuldigt sich der Ober: »Verzeihen Sie, mein Herr, aber wir müssen warten, bis sich die Nudeln wieder gelegt haben.«

*

Der Arzt entfernt der Patientin den Gipsverband vom Mittelfinger der rechten Hand.

»Nun, können Sie das Glied bewegen?«

Die junge Dame hat keine Bedenken. »Ach, wenn es nicht geht, dann nehme ich eben die linke Hand.«

*

»Nicht zu fassen!« brüllt der Arzt, dem seine Frau gerade einen Seitensprung gebeichtet hat. »Schämst du dich nicht, mit einem fremden Kerl zu schlafen?«

»Reg dich ab, mein Lieber«, kontert seine Angetraute. »Ich habe es gemacht wie deine Patienten. Du sagst mir dauernd, wie lausig du mich im Bett findest. Jetzt wollte ich einfach mal eine zweite Diagnose hören.«

*

Der Patient klagt über Potenzstörungen.

»Ach«, meint der Arzt, »machen Sie sich keine Sorgen. Wir haben da ein schnell wirkendes neues Phosphorpräparat.«

»Sie haben mich mißverstanden«, sagt der Patient. »Er soll stehen, Herr Doktor, nicht leuchten!«

Der Chirurg macht am Morgen nach der Operation bei der jungen Dame Visite. Sie fragt ihn etwas eingeschüchtert, wie lange es dauern würde, bis sie ihr Liebesleben wieder aufnehmen könnte.

»Darüber habe ich wirklich noch nicht nachgedacht«, meint der Chirurg verblüfft. »Sie sind die erste Patientin, die mich so etwas nach einer Mandeloperation fragt.«

*

Carolas Freund hat einen Unfall gebaut. Carola muß als Zeugin vor Gericht aussagen, weil sie mit im Wagen saß.

»Haben Sie eigentlich schon früher bemerkt«, fragt der Richter, »daß sich Ihr Freund unsicher im Verkehr bewegt?«

Carola wird sehr verlegen und flüstert verschämt: »Nein, ich konnte mich nie beklagen!«

*

Ein Patient wird mit Frischzellen behandelt. Man gibt ihm Schweinezellen. Kurz darauf erhält der Arzt vom Patienten folgendes Telegramm: *Was tun – kringelt sich …*

*

Der Bauer hat den Doktor in flagranti mit der hübschen Bäuerin erwischt. Dem Arzt fällt nur eine lahme Ausrede ein: »Ich bin gerade dabei, die Temperatur zu messen.«

Der Bauer greift nach seinem Gewehr und sagt wütend: »Okay, Doktor. Aber ich warne Sie. Wenn Sie das Ding rausziehen, und da sind keine Zahlen drauf, dann gnade Ihnen Gott!«

Ein Pärchen tritt aus dem Wald und hält ein Auto an.
»Haben Sie zufällig einen Kanister Benzin für mich?« fragt der junge Mann.
Der Fahrer starrt ihn an. »Junge!« sagt er. »Erstens schönes Wetter, zweitens ein nettes Mädchen, drittens Wald, viertens kein Benzin – was willst du eigentlich vom Schicksal noch mehr?«

Es sagte die Patientin:

»Wissen Sie, Herr Doktor, für mich war es nie interessant, wie viele Männer in meinem Leben waren. Mich interessierte immer nur, wieviel Leben in meinen Männern war!«

Eine Anhalterin fährt bereits eine Weile mit einem sehr netten jungen Mann durch ein Waldstück.
Schließlich sagt sie: »Wenn Sie jetzt den dritten Waldweg links abbiegen – da kenne ich eine wunderschöne Stelle, an der Sie eine Panne haben können.«

*

Ein Sechzigjähriger geht zum Arzt, da er, wie er sagt, unter Potenzproblemen zu leiden beginnt.
»Wann haben Sie denn zum erstenmal Probleme gehabt?« fragt der Doktor.
»Gestern nachmittag, zweimal letzte Nacht und heute morgen schon wieder!«

»Ich schlage vor«, sagt Ingo am Sonntag zu Tina, »daß wir ins Blaue fahren.«

»Ins Blaue?« Sie lacht spöttisch. »Das kenne ich. Du rast ein paar Kilometer über die Landstraße, dann parkst du auf irgendeinem verschwiegenen Platz und fällst wie ein Wilder über mich her!«

»Unsinn! Ich verspreche dir, daß ich mich diesmal zurückhalte.«

»So? – Wozu fahren wir dann überhaupt ins Blaue?«

*

Claudia ist beim Frauenarzt.

»Sie müßten mal eine Zeitlang mit der Pille aussetzen«, rät ihr der Doktor.

»Aber muß das denn gerade jetzt sein«, fragt die junge Dame, »wo mein Mann für drei Monate im Ausland arbeitet?«

*

Die junge Frau fragt ihren Ehemann: »Du, Erwin, steht schon fest, was wir heute abend wollen?«

Er grinst sie an und sagt: »Und wie! Faß nur mal an!«

*

Der Wagen schleudert um die Ecke, schlingert am Bordstein entlang, rammt vier geparkte Autos, nimmt eine Ampel mit, streift einen Zaun und knallt dann an eine Mauer. Aus den Trümmern krabbelt ein Mädchen und ruft mit strahlenden Augen ins Wageninnere: »Siehst du, Markus, *das* verstehe ich unter einem richtigen Kuß!«

»Für einen Mann in Ihrem Alter sind Sie in allerbester Verfassung!« gratuliert der Arzt dem Neunzigjährigen nach der Untersuchung.

»Weiß ich«, murmelt der Greis. »Ich habe ja auch wirklich nur eine Beschwerde – mein Sextrieb ist zu hoch. Kann man dagegen etwas tun?«

Der Doktor steht mit offenem Mund da. »Ihr was ist zu hoch?«

»Mein Sextrieb«, wiederholt der Neunzigjährige. »Und ich hätte ihn gern gesenkt, wenn das möglich ist.«

»Gesenkt?« Der Arzt traut wirklich seinen Ohren nicht.

»Bitte, was verstehen Sie unter ›mein Sextrieb‹ ist zu hoch?«

»In der letzten Zeit ist er nur noch in meinem Kopf, Herr Doktor, und wenn es geht, hätte ich ihn gern auch etwas tiefer.«

Es sagte das Girl:

»Ich dachte, das Schild ›Anfänger‹ an deinem Auto bezieht sich auf den Führerschein!«

Zu dem berühmten Professor kommt ein junger Mann in die Sprechstunde.

»Ziehen Sie sich aus«, knurrt der Professor.

Schüchtern sagt der junge Mann: »Entschuldigen Sie, Herr Professor, aber ich wollte eigentlich nur um die Hand Ihrer Tochter anhalten.«

Der Professor schaut erstaunt auf und meint dann: »In diesem Fall ziehen Sie sich mal erst recht aus!«

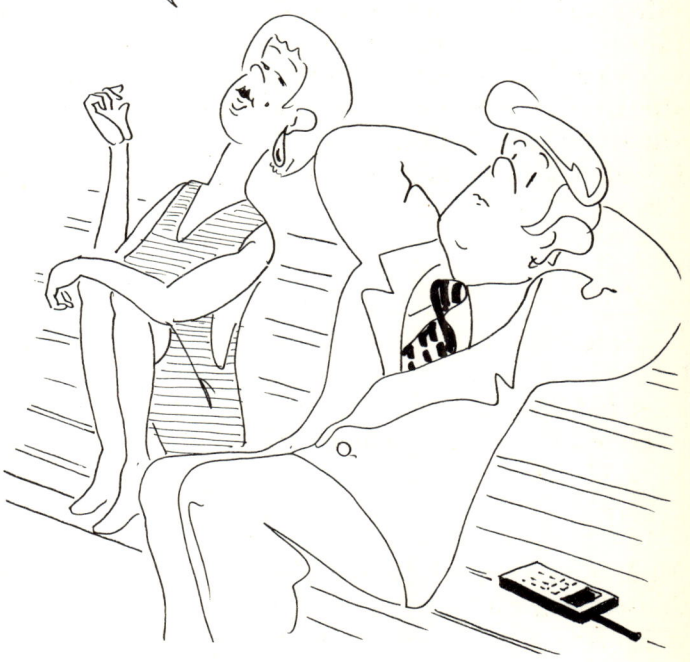

Der junge Ehemann schüttet dem Schwiegervater sein Herz aus. »Ich werde einfach mit Claudias Launen nicht mehr fertig, Schwiegerpapa!«

Rät ihm der aus alter Erfahrung: »Dann zieh ihr doch das Höschen runter und hau ihr ein paar hinten drauf!«

Darauf der Schwiegersohn: »Hab' ich schon versucht. Aber immer, wenn ich das Höschen runter habe, kann ich ihr nicht mehr böse sein ...«

*

Der Patient wünscht ein Mittel gegen Impotenz.

»Nehmen Sie keine Drogen, keine Medikamente«, empfiehlt der Arzt. »Essen Sie Austern, und Sie werden sehen ...«

Drei Tage später trifft er den Patienten wieder. »Na, wie war's?« fragt er.

»Eine sündhaft teure Angelegenheit, Herr Doktor«, schimpft der Patient. »Sechs Austern habe ich gegessen – und nur fünf haben gewirkt.«

*

»Zigarette?« fragt der Sportwagenfahrer die Anhalterin, die er gerade aufgelesen hat.

»Nein, danke.«

»Vielleicht einen Kognak? Ich habe welchen im Handschuhfach ...«

»Danke, auch nicht.«

An einer einsamen Stelle schlägt das Mädchen eine kleine Pause vor. Als sie sich wieder anzieht, meint sie: »Na, siehst du, es geht doch wirklich auch mal 'ne Weile ohne Rauchen und Trinken!«

Ein Lastwagenfahrer fährt über Land. Am Straßenrand steht ein Mütterchen und winkt. Der mitleidige Fahrer nimmt die Oma mit.

Nach ein paar Kilometern blubbert der Motor, dann setzt er ganz aus. Seufzt der Fahrer: »Verflixt – jetzt steht er!«

Da kichert die Oma triumphierend: »Wußte ich doch, daß ich nicht ungeschoren davonkomme.«

Es sagte der Arzt:

»Ihr Herz, mein Lieber. Sie dürfen sich auf keinen Fall aufregen. Vor allem geschlechtlich nicht.«

»Verstehe, Herr Doktor, Sex nur noch mit meiner Frau.«

Er führt seiner Freundin den neuen Wagen vor. Er drückt auf einen Knopf, und die Scheiben gehen runter. Wieder ein Knopfdruck, das Dach hebt sich und verschwindet im Heck. Noch ein Knopfdruck, und ein Ventilator wirbelt ihr den Rock hoch.

Da wird sie wütend. »Zum Teufel, machst du gar nichts mehr mit der Hand?«

*

Ein junger Mann holt Evelyn mit dem Auto ab.

»Sagt die Mutter: »Paß gut auf, wenn er fährt.«

Brummt der Vater: »So'n Quatsch. Sie soll lieber gut aufpassen, wenn er parkt!«

Die Verlobten sind kurz vor der Hochzeit zum Arzt gegangen. Am nächsten Tag kommt der Bräutigam in die Praxis, um sich die Resultate abzuholen.

»Junger Mann«, sagt der Arzt, »ich habe eine gute und eine schlechte Nachricht für Sie. Die schlechte Nachricht ist die, daß Ihre Braut einen gewaltigen Tripper hat.«

»O Gott«, stöhnt der junge Mann. »Und die gute Nachricht?«

»Von Ihnen hat sie ihn nicht!«

*

Eine junge Frau klagt dem Arzt ihr Leid: Ihr Mann leide unter Potenzschwierigkeiten. Der Arzt verschreibt Tabletten. Auf eine Tasse Kaffee zwei Stück.

Kurz darauf trifft der Arzt die Frau auf der Straße. »Nun«, fragt er, »haben die Tabletten geholfen?«

»Leider ja«, meint sie. »Kaum hatte mein Mann die erste Tasse halb getrunken, da riß er mir die Kleider vom Leib, warf mich über den Tisch und stürzte sich auf mich!«

»Das ist ja großartig!« freut sich der Arzt.

»Ja, schon«, meint die junge Frau, »aber in dem Café können wir uns nie mehr sehen lassen!«

*

Der junge Mann fährt mit einem Mädchen im Auto in den Wald.

»Meine Mutti hat mir verboten, mit Ihnen in den Wald zu fahren«, protestiert das Mädchen.

»Na«, sagt der junge Mann, »dann fahren wir eben auf den Parkplatz vom Supermarkt. Dort ist um diese Zeit auch niemand!«

Das Pärchen betritt gemeinsam das Sprechzimmer des Arztes.

»Herr Doktor, wir haben ein sexuelles Problem.«

»Na, dann schildern Sie es mir doch einfach.«

»Am liebsten würden wir es Ihnen einmal vorführen«, meint sie.

»Nun, das ist zwar reichlich ungewöhnlich, aber von mir aus. Dort drüben steht die Couch.«

Eilig legen die beiden ab, und im Nu sind sie auch schon bei der Sache. Der Arzt sieht ihnen staunend zu. Als sie fertig sind, findet er langsam seine Worte wieder.

»Na, das war doch ein ganz vorzüglicher Geschlechtsverkehr. Nun möchte ich aber wirklich wissen, wo bei Ihnen das Problem liegt.«

»Wir haben kein Geld für ein Hotelzimmer.«

*

Sagt Florian zu seinem Freund: »Es gibt auch nette Autofahrer. Manche halten an, nehmen dich mit, laden dich ein und lassen dich bei sich übernachten.«

»Tatsächlich?« wundert sich der Freund. »Ist dir das schon mal passiert?«

»Nein, mir nicht. Aber meiner Schwester schon oft.«

*

Am nächsten Morgen erkundigt sich die Kollegin im Büro: »Wie war denn die Autotour mit Olaf?«

»Ganz gut«, meint die junge Sekretärin, »wir hatten allerdings eine Panne ...«

»War's denn schlimm?«

»Das kann man wohl sagen. Die Liegesitze klemmten ...«

»Bei mir geht alles auf Pfiff«, verkündet der frischgetraute Feuerwehrhauptmann in der Hochzeitsnacht. »Erster Pfiff; ausziehen, zweiter Pfiff: hinlegen, dritter Pfiff: los geht's!« Plötzlich pfeift seine Braut. »Was ist los?« erkundigt er sich überrascht.

Sagt sie: »Mehr Schlauch, bitte!«

*

Achtzig im Schnitt – eine endlose Autobahn. Hausmann beschließt, die grauenvolle Fahrt etwas zu beleben und nimmt am Frankfurter Kreuz eine winkende Dame mit.

Seine vorsichtige Fahrweise erklärend, bemerkt er: »Ich muß aufpassen, bin in Flensburg registriert.«

Meint die Schöne: »Und ich in Frankfurt.«

*

Mißvergnügt sagt Alfons zu seiner Frau: »Manche Frauen können anziehen, was sie wollen, ihnen steht einfach nichts!«

Etwas giftig kommt darauf die Antwort: »Und es gibt Männer, die können ausziehen, was sie wollen – da ist es genauso …«

*

Nach langen Ehejahren schlafen die beiden wieder einmal miteinander.

Er: »Um Gottes willen, Liebling, habe ich etwas falsch gemacht?«

Sie: »Nein, warum?«

Er: »Mir war so, als hättest du dich bewegt!«

Um Gottes willen, Liebling, hab ich was falsch gemacht?
Nein, warum?
Mir war so, als hättest du dich bewegt!

Ein Mädchen fährt per Anhalter in die Ferien. In ihrem Tagebuch ist folgendes zu lesen:

10. Juli: Heute 100 km mit einem VW gefahren. Am Ende der Fahrt wurde Fahrer zudringlich. Bin ausgestiegen und den Rest zu Fuß gegangen. Die Beine sind doch die besten Freunde.

11. Juli: Mit einem Opel-Fahrer ein schönes Stück weitergekommen. Lud mich zum Essen ein. Verlangte Gegenleistung. Bin ausgestiegen. Die Beine sind doch die besten Freunde.

13. Juli: Mit einem netten Jungen im Porsche gefahren. Bin nicht ausgestiegen. Auch die besten Freunde gehen einmal auseinander.

*

Trotz überhöhter Geschwindigkeit steuert der junge Mann seinen Sportflitzer nur mit einer Hand.

Flüstert die Blondine an seiner Seite: »Nimm doch beide Hände.«

Sagt er: »Aber doch nicht bei diesem Tempo.«

*

Zwei Urlauber auf Sylt haben sich in den Sand eingegraben. Nur das, was sie zu Urlaubern und nicht zu Urlauberinnen macht, haben sie frei vom Sand gelassen. Die Sonne kitzelt, die Sonne wärmt – und plötzlich richten sich die Männlichkeiten zu voller Größe auf.

In diesem Moment kommt ein junges Ehepaar vorbei. Sie eilt sofort zu der Stelle und ruft völlig verblüfft: »Nun sieh dir das an – ich mußte wegen einem heiraten, und hier wachsen sie wie wild!«

Eine Frau, die an Blutarmut leidet, geht zu ihrem Arzt. Dieser untersucht sie sorgfältig und schickt sie nach Hause. »Nun«, fragt ihr Mann, »was hat der Arzt festgestellt?« »Er sagte, ich muß was für mein Liebesleben tun. Mehr Sex. Fünfzehn- bis zwanzigmal im Monat.« »Okay«, antwortet ihr Mann, »für zweimal kannst du mich vormerken.«

Es stand in der Zeitung:

Auto zu verkaufen, achthundert Mark. Liegesitze noch große Klasse.

Das Taxi fährt langsam durch den nächtlichen Stadtpark. Sie und er sitzen eng nebeneinander auf dem Rücksitz. Plötzlich hält das Taxi. »Was ist denn los? Warum halten Sie?« fragt er unwillig. »Hat die Dame neben Ihnen nicht eben ›Stopp‹ gerufen?« fragt der Fahrer zurück. »Ja«, bestätigt sie, »aber das galt nicht Ihnen!«

*

Ein Boxer in der Hochzeitsnacht. Er zieht sich aus, trommelt mit beiden Fäusten auf seinen mächtigen Brustkasten und sagt triumphierend: »Schau her, das sind einhundertachtzig Pfund Dynamit, mein Liebling!« »Ja, ja«, sagt sie gedehnt, »so viel Dynamit und so wenig Zündschnur!«

Die Freunde trösten den verlassenen Bräutigam. »Laß sie laufen! In ein paar Wochen hast du sie vergessen.«
»Sicher nicht«, seufzt der Verlassene. »Ich muß doch noch zwei Jahre lang die Raten für das Auto zahlen, das ich ihr zur Verlobung geschenkt habe.«

*

Das junge Brautpaar kommt aus dem Standesamt, und die Braut jubelt: »Hurra, endlich brauche ich mit dir nur noch ins Bett zu gehen, wenn ich Lust dazu habe!«

*

Das junge Paar hat sich für die Hochzeitsnacht ein hübsches Dorfhotel ausgesucht, das direkt neben der Kirche liegt. Unvorsichtigerweise hat der junge Ehemann seiner Frau versprochen, sie bei jedem Glockenschlag der Kirchturmuhr zu lieben.
Von zehn bis drei Uhr hält er tapfer durch. Dann schleicht er unter einem Vorwand hinaus, läuft zum Küster hinüber und bietet ihm fünfzig Mark, wenn er die Glocke nur alle zwei Stunden läuten läßt.
»Ich würde es ja gern tun«, erwidert der Küster, »aber eben hat mich Ihre Frau angerufen und mir hundert Mark geboten, wenn ich die Glocke jede halbe Stunde läuten lasse!«

*

Die Hochzeitsfeier ist fast zu Ende, da sagt die Braut zum Bräutigam: »Geh schon ins Schlafzimmer, Liebling; wenn ich in fünf Minuten noch nicht da bin, fängst du schon mal ohne mich an, ja ...?«

Kurz vor der Hochzeitsreise eilt die junge Frau in die Apotheke.

»Geben Sie mir bitte eine Großpackung Pillen gegen Seekrankheit und eine Klinikpackung Kondome.«

Meint der Apotheker: »Wenn er Sie krank macht, warum lassen Sie es nicht lieber bleiben?«

*

Während der kirchlichen Trauung vergißt der etwas zerstreute Bräutigam, den Ring hervorzuholen. Der Pfarrer deutet mit einer Geste an, wie man einen Ring an den Finger steckt.

Der Bräutigam errötet und sagt leise: »Aber Hochwürden, doch nicht hier vor allen Leuten!«

*

Herbert ist empört, als er in der Hochzeitsnacht feststellt, daß seine Braut keine Jungfrau mehr ist, und weigert sich, in seine Rechte als Ehemann einzutreten.

Kopfschüttelnd meint sie nur: »Sei doch nicht albern, Herbert. Du hast schließlich auch die U-Bahn nicht gebaut und fährst regelmäßig mit ihr.«

*

Sie stürmen ins Hotel, um die Flitterwochen zu beginnen.

»Welches Zimmer darf's denn sein?« fragt der Herr an der Rezeption. »Mit Seeblick, mit Dusche oder Bad, mit Fernsehen?«

»Ach, ganz egal«, meint der junge Mann, »geben Sie uns ein Bett mit irgendeinem Zimmer drumherum!«

»Wie war denn die Hochzeitsnacht?«
»Wie beim Schachspiel. Man kann sich die tollsten Züge und Varianten einfallen lassen – hinterher ist man immer matt!«

*

Am Morgen nach der Hochzeitsnacht fragt die junge Frau ihren Mann: »Hast du schon mal einen Pornofilm gesehen?«
Er sieht sie erstaunt an: »Wieso, habe ich was falsch gemacht?«

*

Das Bundesligaspiel hat noch nicht begonnen, als Lehmann mit seiner Frau auf den Fußballplatz kommt.
»Aber da sind ja schon zwei Mannschaften auf dem Rasen«, wundert sie sich.
»Das ist doch erst das Vorspiel«, belehrt er sie.
Aufhorchend sagt sie: »Und wie lange dauert das?«
Lapidare Antwort: »Zweimal fünfundvierzig Minuten.«
Da mustert sie ihn kritisch von der Seite und seufzt: »Davon kann ich ja nur träumen ...«

*

Die Hochzeitsreisenden übernachten in einem Hotel, das gegenüber einer Kaserne liegt. Morgens um sechs Uhr ist drüben Wecken.
»Rrraus!« brüllt der Spieß.
Da klammert sich die junge Frau an ihren Mann und flüstert: »Oh, Hans-Peter, laß dir nichts befehlen!«

Ein nicht mehr ganz junges Ehepaar macht Urlaub auf dem Bauernhof. Eines Morgens beobachten sie interessiert das Geschehen auf dem Hühnerhof.
Die Ehefrau zeigt auf den fleißigen Hahn: »Hast du das gesehen?«
»Ja, ja«, winkt er ab, »aber jedesmal eine andere!«

*

Der Schauspieler hat geheiratet und wird von seinem Freund gefragt: »Na, wie war denn die Hochzeitsnacht?«
»Weiß ich nicht«, sagt der Schauspieler, »ich hab' die Kritiken noch nicht gelesen.«

*

Am Morgen nach der Hochzeitsnacht liest er aus der Zeitung vor. »Liebling, hör mal, hier steht, daß man bei besonders leidenschaftlichem Sex dreihundert Kalorien verbraucht.«
Freut sie sich: »Das ist ja toll, da können wir uns glatt ein Frühstück mit dreitausend Kalorien leisten ...«

*

Glücklich, aber müde geht das Ehepaar am Abend der goldenen Hochzeit ins Bett.
»Liebling«, fragt sie, »hast du mich eigentlich jemals betrogen?«
»Ja, mein Schatz«, bekennt er, »ein einziges Mal.«
»Schade«, seufzt sie, »das könnten wir jetzt wirklich gut gebrauchen.«

Der Ehekrach nähert sich seinem Höhepunkt.
»Ich habe es satt!« kreischt sie. »Wieso ziehen alle Männer eine Sexbombe einer intelligenten Frau vor?«
Er mustert sie von oben bis unten und sagt eisig: »Wie kommst du auf die Idee, daß du eine Sexbombe bist?«

*

Der Meinungsforscher ruft bei Frau Wiesbeck an und sagt: »Bei Ihrem gemeinsamen Fragebogen gibt es eine Diskrepanz. In der Spalte ›Häufigkeit des Geschlechtsverkehrs‹ schreibt Ihr Mann ›einmal wöchentlich‹ und Sie ›mehrmals pro Nacht‹.«
Sie ist ein bißchen verlegen. »Ja, aber doch nur, bis wir unser Häuschen abbezahlt haben!«

*

Das Ehepaar hat sich gestritten, sie zieht ins Wohnzimmer. Er hält durch – acht Tage, zehn Tage, zwölf Tage. Am zwölften Tag klopft es an die Tür des Schlafzimmers.
»Ich bin böse mit dir; ich lasse dich nicht rein!« ruft sie.
Antwortet ihr Mann draußen: »Schau erst mal nach, womit ich geklopft habe …«

*

Bachhuber kommt mitten in der Nacht angeheitert nach Hause und rennt im Schlafzimmer eine Bodenvase um.
Wütend faucht er seine Frau an: »Himmel, wieso steht denn im Schlafzimmer plötzlich eine Vase?«
Giftet seine Frau zurück: »Damit in unserem Schlafzimmer endlich auch mal was steht!«

Nach kurzem schwerem Leiden liegt der Firmeninhaber im Sterben. Mit letzter Kraft flüstert er seiner Frau zu: »Ich muß dir noch etwas gestehen. Ich habe dich mit meiner Sekretärin betrogen.«
Flüstert seine Frau zurück: »Was meinst du wohl, weshalb ich dich vergiftet habe?«

*

Mitten in der Nacht weckt Hufnagl seine Frau und flüstert: »Du, da schleicht einer. In der Wohnung ist ein Mann!«
Seufzt sie: »Na endlich!«

*

Ein Seemann, nach langer Fahrt auf der Heimreise, schreibt an seine Frau:
Liebe Olga, Du kannst aufhören, alles zu putzen und auf Hochglanz zu bringen, denn das ist ziemlich sinnlos. Für die nächsten vier Wochen wirst Du sowieso nur die Zimmerdecke sehen …

*

Müde und hungrig kommt der Ehemann am Freitagabend nach Hause. Es duftet nach selbstgebackenem Kuchen, den er sofort probieren möchte.
Aber seine Frau protestiert: »Nichts da, der bleibt stehen bis Sonntag!«
Nachts im Bett fängt sie sanft an, ihn zu streicheln. Mit Erfolg.
Aber dann brummt er plötzlich: »Nichts da, der bleibt stehen bis Sonntag!«

Angelika hat ihre besinnlichen Minuten und fragt ihren Mann: »Würdest du mich auch noch lieben, wenn ich für dich im Bett zu einer großen Enttäuschung geworden bin?« »Aber natürlich«, versichert er. »Beweise ich es dir nicht täglich?«

*

Der Ehemann wacht auf und kann nicht mehr einschlafen. Was tut er? Er liegt da mit offenen Augen und wartet darauf, daß die Standuhr schlägt. Aber sie tut's nicht.
Da murmelt er ärgerlich. »Verdammt! Das alte Ding steht wieder!«
Seine Frau richtet sich im Nachbarbett auf und sagt ganz glücklich: »O Konrad!«

*

Gespannt verfolgt das alte Ehepaar den Auftritt des berühmten Wunderheilers.
»Und nun können Sie meine magischen Kräfte erproben«, sagt der Wunderdoktor. »Legen Sie eine Hand auf die Stelle Ihres Körpers, die krank ist.«
Die alte Dame legt eine Hand auf ihr Herz. Ihr Mann plaziert seine Hand in seinem Schoß.
Da sagt sie leicht vorwurfsvoll: »Aber Heinrich, er will Kranke heilen, nicht Tote auferwecken!«

*

»Warum läßt du es mich eigentlich nie spüren, wenn du einen Orgasmus hast?« will der Ehemann wissen.
Antwortet sie: »Weil du da nie zu Hause bist.«

Die Ehefrau gedenkt, ihren Kopf durchzusetzen.

»Wenn du mir das Kleid nicht kaufst, werde ich im Bett streiken!« sagte sie wütend.

Darauf er, ganz gelassen: »Nur zu, nur zu! Meine Sekretärin ist der hübscheste Streikbrecher, den du dir denken kannst!«

*

Ein nicht mehr ganz junger Ehemann spürt eines Nachts, daß sich bei ihm etwas regt. Also weckt er seine Frau und sagt: »Liebling, schau nur, was sich bei mir tut!«

»Fein«, flüstert sie. »Komm ganz schnell zu mir!«

»Nein, komm du lieber zu mir«, meint er. »Ich weiß nicht, ob er die Reise übersteht.«

*

Das Ex-Ehepaar ist auch nach der Scheidung noch gut befreundet. Als sich der Mann den Arm bricht, ruft er eines Abends seine Frau an und bittet sie, ihm beim Baden zu helfen.

Vorsichtig hilft sie ihm in die Wanne. Als sie ihm den Rücken einseift, merkt sie, wie sich an der Vorderseite ihres Verflossenen etwas regt.

»Ist das nicht süß«, seufzt sie, »er kennt mich noch!«

*

Der Scheidungsanwalt fragt die Ehefrau: »Wann hat Ihr Mann aufgehört, Sie zu lieben?«

Sagt sie empört: »Schon in der Hochzeitsnacht – nach lächerlichen vier Stunden!«

Der Steuerinspektor hat geheiratet. Nach ein paar Tagen Hochzeitsurlaub schwärmt er den Kollegen von seiner Hochzeitsnacht vor: »Einfach toll, der Unterschied zwischen Steuerklasse eins und Steuerklasse drei!«

*

»Herr Doktor, helfen Sie mir, ich kann keine Nacht schlafen!« klagt der Patient.
»Wie wäre es denn mit einem Potenzmittel?« schlägt der Arzt vor.
»Wieso?« fragt der Patient verblüfft.
»Na – dann würde Ihnen Ihre Schlaflosigkeit doch wesentlich mehr Spaß machen!«

»Wie lange bist du eigentlich schon mit Vati verheiratet?«

oder

Laßt Kinder sprechen

Der Arzt kann sich nur noch wundern. »Ihr Junge hat vor vier Tagen ein Fünfmarkstück verschluckt, und erst heute kommen Sie mit ihm zu mir!«
Der Vater kratzt sich verlegen am Kopf. »Wissen Sie, Herr Doktor, so dringend brauchen wir das Geld ja nun auch wieder nicht.«

*

Der vierjährige Klaus darf mit Papi im Auto eine längere Strecke mitfahren.
Als sie abends wieder nach Hause kommen, fragt die Mutter: »Na, ihr zwei, wie war's denn?«
Ruft der Kleine ganz begeistert: »Ganz toll! Wir haben zwei Hornochsen, einen Knallkopp, sechs Armleuchter und einen Vollidioten überholt und zwei dämliche Nutten mitgenommen.«

*

Erheitert betrachtet die Krankenschwester den frischgebackenen Vater von Drillingen und klärt ihn auf:
»Nein, nein, Sie sollen sich hier kein Baby aussuchen, Sie müssen alle nehmen!«

*

»Sie wünschen sich also ein künstlich gezeugtes Baby?« fragt der Arzt das ungewöhnlich dicke Ehepaar. »Warum versuchen Sie es denn nicht erst einmal mit der herkömmlichen Methode?«
»Herr Doktor«, schnauft der Dicke, »sehen wir aus wie Artisten?«

Vater und Sohn haben an der Tankstelle neue Scheibenwischer gekauft.

Berichtet der kleine Fritz hinterher der Mutter: »Papa hat sich neue Klammern für die Strafzettel gekauft!«

*

Der Arzt hat Roswitha gründlich untersucht. »Was ist Ihr Freund eigentlich von Beruf?« will er wissen.

»Architekt.«

»Interessant«, meint der Arzt schmunzelnd. »Dann sagen Sie ihm einen schönen Gruß, er habe mit großem Erfolg den Grundstein für das erste Kinderzimmer gelegt!«

*

Der Ehemann sitzt seufzend beim Arzt. Bei einem Frauenarzt.

»Drei Jahre bin ich jetzt verheiratet«, sagt er. »Im ersten Jahr gab es eine Tochter, Herr Doktor. Im zweiten ein Zwillingspaar und in diesem Jahr Drillinge. Wie soll das weitergehen?«

»Beruhigen Sie sich«, meint der Arzt, »und sehen Sie nicht allzu schwarz in die Zukunft. Sechslinge sind das Höchste, was es bis jetzt gegeben hat.«

*

Andreas, knapp neunzehn Jahre alt, kommt ins Zimmer und klopft seinem Vater aufmunternd auf die Schulter.

»Ich habe eine gute Nachricht für dich, Papa!«

»Und die wäre?« fragt der Vater mißtrauisch.

»Du hast die Autoversicherung nicht umsonst bezahlt!«

Die Ehefrau kommt zum Arzt.

»Herr Doktor, wir möchten so gern ein Kind. Aber bisher hat es nicht geklappt.«

»Dann ziehen Sie sich mal aus«, sagt der Frauenarzt.

»Aber, Herr Doktor«, stammelt die junge Frau ganz verlegen, »eigentlich sollte es ja von meinem Mann sein!«

Es sagte der Lehrer:

»Es gibt keine größere und keine kleinere Hälfte! Ich wiederhole das immer wieder, weil die größere Hälfte von euch einfach nicht aufpaßt!«

Ein nicht mehr ganz junges Ehepaar sitzt im Sprechzimmer.

»Herr Doktor, untersuchen Sie mal meine Frau. Es muß doch einen Grund geben, weshalb sie kein Kind kriegt.«

Der Arzt untersucht die Ehefrau und meint: »Soweit ist alles in Ordnung, nur eine kleine Knickung. Die Gebärmutter ist leicht nach rechts verlagert.«

Darauf der Ehemann: »Na, dann ist mir alles klar. Es funktioniert bei ihr nicht, weil ich nicht um die Ecke schießen kann!«

*

Peter kommt mit einer angebissenen Wurst zum Fundbüro.

»Hast du die Wurst so gefunden?« fragt der Beamte.

»Nein«, erwidert Peter, »aber den Finderlohn habe ich schon abgebissen.«

Völlig außer sich ruft Lehmann mitten in der Nacht die Zeitungsredaktion an.

»Meine Frau hat Fünflinge bekommen!«

»Wie bitte?« meldet sich der Redakteur vom Dienst. »Wollen Sie das bitte wiederholen!«

»Um Gottes willen«, stöhnt Lehmann, »auf keinen Fall!«

*

»Wie lange wartet man eigentlich auf ein Kind?« fragt Claudia in der Hochzeitsnacht.

»Neun Monate natürlich«, meint verwundert der Bräutigam. »Weißt du das etwa nicht?«

Claudia daraufhin schnippisch: »Mir ist das schon seit Jahren bekannt, aber ich dachte, du wüßtest es noch nicht, oder warum hast du dich eben dermaßen beeilt?«

*

Der Sohn des Hausarztes hat Masern und will zu Hause bleiben. Spricht der Vater ein Machtwort:

»Du gehst jetzt sofort zur Schule und steckst alle an!«

*

Der Vater will seinen kleinen Sohn mal etwas auf den Ernst des Lebens vorbereiten.

»Markus, was willst du denn einmal werden?« beginnt er das Gespräch unter Männern.

»Beamter«, erklärt Markus prompt.

Der Vater ist überrascht. »Warum?«

Der Sprößling weiß ganz genau, warum. »Weil ich dann mein Geld im Schlaf verdiene!«

Der Herr Doktor hängt das neue Gemälde persönlich auf. Zuerst schlägt er sich mit dem Hammer auf den Finger, dann kippt er mit dem Stuhl um und beschädigt dabei das Bild.

Da fragt das Söhnchen die Mutter: »Sag mal, ist der Papi wirklich praktischer Arzt?«

*

Der Großvater geht mit seinem Enkel an einem Sommertag über eine Wiese. Er rupft einen Grashalm aus, preist ihn als Wunder der Schöpfung und steckt ihn in den Mund.

»Du kannst die Kraft der Allmacht Natur sogar schmecken – probier es selber!«

Da sagt der kleine Enkel: »Opa, ich glaube, wir kriegen ein Auto.«

Der Großvater ist entgeistert – er preist die Schönheit der Natur, und dieser Bengel denkt an Autos ... »Du solltest dich schämen – und außerdem kann sich dein Vater gar kein Auto leisten.«

Der Kleine weiß es besser. »Papi hat gesagt, wenn Opa ins Gras beißt, kriegen wir ein Auto.«

*

Ein junger Mann hält ein Taxi an, steigt ein, der Wagen fährt los und wird immer schneller. Als die Tachonadel auf 120 zusteuert, klopft der junge Mann, schon ganz grün im Gesicht, dem Fahrer auf die Schulter.

»Ich bitte Sie! Ich habe zu Hause vier kleine Kinder. Seien Sie etwas vorsichtiger!«

Darauf die lakonische Antwort des Taxifahrers: »Und da sagen *Sie mir*, daß *ich* vorsichtig sein soll ...?«

Der junge Vater kommt in die Klinik. Freudestrahlend umarmt er seine Frau.
»Hast du unser Kind schon gesehen?« fragt er.
»Ja«, flüstert sie zurück. »Aber ich liebe dich trotzdem.«

Es fragte die kleine Tochter:

»Mutti, wie lange bist du eigentlich schon mit Vati verheiratet?«
»Zehn Jahre, mein Kind.«
»Und wie lange mußt du noch?«

Sandra will mit ihrem Freund übers Wochenende mit dem Auto verreisen und meint gähnend zu ihrer Mutter:
»Du hast mir jetzt genug Ratschläge für den Fall gegeben, daß er stürmisch wird. Aber was ist, wenn der Trottel zu blöd dafür ist?«

*

Der Sohn hat sein Abitur gemacht und darf zum erstenmal mit dem Wagen seines Vaters ausfahren.
Die Mutter ist richtig gerührt, daß ihr Mann ganz ohne Kommentar oder irgendwelche Ermahnungen den Autoschlüssel herausrückt, und ist den ganzen Abend besonders aufmerksam zu ihm – jedenfalls so lange, bis der Sprößling nach Hause kommt und zu seinem Vater sagt: »Du mußt das Handschuhfach mit Präservativen auffüllen, ich habe das letzte verbraucht.«

Vor einer Schule ist für Autofahrer ein Verkehrszeichen mit dem Hinweis aufgestellt: *Überfahren Sie die Schulkinder nicht!* Mit kindlicher Schrift ist daruntergekritzelt worden: *Warten Sie auf die Lehrer!*

*

Der Manager: »Morgen brauche ich den Wagen und den Chauffeur!«
Der siebenjährige Sohn: »Und wie soll ich da zur Schule kommen?«
»Ganz einfach, wie jeder andere Junge auch – du nimmst dir eben ein Taxi!«

*

Der kleine Werner kommt ins Krankenhaus zur Blinddarmoperation. Die Schwester, die ihn für die Operation vorbereitet, bemerkt schon einen leichten Flaum und will ihn abrasieren. Mit einer Hand hält sie sein Glied fest, mit der anderen führt sie das Rasiermesser.
Der Junge sieht ihr interessiert zu und sagt nach einer Weile: »Sie können ihn ruhig loslassen, Schwester, jetzt hält er von allein.«

*

»Fünf Kinder haben wir zusammen«, jammert sie ihrer Freundin vor, »und jetzt erklärt mir Hans-Peter, daß er mich nie geliebt hat!«
»Mensch, sei doch froh«, antwortet die Freundin, »stell dir bloß mal vor, wie viele Kinder du erst hättest, wenn er dich geliebt hätte ...«

Die Familie sitzt beim Frühstück. Plötzlich fragt der kleine Sohn: »Du, Mutti, was ist eigentlich Geschlechtsverkehr?«
Da schaut die Mutter ihren Ehemann eine Weile nachdenklich an und sagt dann zögernd zu ihrem Sohn: »Ich wußte es mal. Aber ich hab's schon lange vergessen …«

*

Herr und Frau Kindlein liegen schon im Bett und schmusen ein bißchen, da kommt der kleine Michael ins Schlafzimmer und sagt: »Papi, gib mir zehn Mark.«
»Wie kommst du denn darauf?« wundert sich der Vater.
»Weil mir der Onkel Paul auch immer zehn Mark gibt, wenn er mit der Mutti im Bett liegt.«

Es fragte Fritzchen:

»Mutti, was passiert denn mit einem Auto, wenn es alt ist und nicht mehr fahren kann?«
»Dann kommt ein cleverer Autohändler und verkauft es deinem Vater.«

Der kleine Oskar hat lange nachgedacht. Schließlich fragt er seinen Vater: »Du, Vati, wie hat der liebe Gott es eigentlich geschafft, die ganze Welt in sieben Tagen zu erschaffen?«
Meint der Vater: »Ja, weißt du, damals gab es noch keine Beamten!«

Stolz trägt der junge Vater seine Zwillinge auf dem Arm und sagt kopfschüttelnd: »Jetzt haben wir zwei prächtige Söhne – nur die Berufe der beiden gefallen mir überhaupt nicht. Der eine wird Beamter, der andere Gebrauchtwagenhändler.«

Seine Frau lacht laut. »Woher willst du das denn heute schon wissen?« fragt sie.

»Na, sieh dir das doch an«, meint der junge Vater, »der eine schläft andauernd, und der andere hat mich schon zweimal besch …!«

*

»Jetzt kann ich es dir ja sagen, Liebling«, sagt die Braut bei der Trauung, »die beiden Kleinen, die meine Schleppe tragen, gehören uns!«

Es fragte der kleine Junge:

»Vati, kann man große Möbelstücke auch per Post verschicken?«
»Nein, mein Junge.«
»Und warum frankiert dann dieser Mann da unser Klavier?«

Der Sohn hat Vaters neuen Wagen schrottreif gefahren. Sagt der Alte erschüttert: »Wie sieht denn der aus!«
»Das ist noch gar nichts«, antwortet der Junge, »du hättest erst mal den anderen sehen sollen!«

Im Zugabteil sitzt ein Mann mit zwei Kindern. Die beiden Bengel toben durch das Abteil. Ein älterer Herr fühlt sich gestört und holt den Schaffner. Dieser mahnt streng: »Wenn Ihre Kinder weiter so toben, bekommen Sie Ärger.«

»Ärger?« Der Mann lacht. »Der Kleine hat die Hosen voll, der andere hat die Fahrkarten aus dem Fenster geworfen, und im falschen Zug sitzen wir sowieso. Da wollen Sie mir Ärger machen?«

Es sagte die Dreizehnjährige:

»Ich lese hier gerade Papis Liebesbriefe an dich. – Und auf so einen beknackten Scheiß bist du reingefallen?«

Die Mutter hat ihren kleinen Sohn zum Zahnarzt gebracht und redet voller Verzweiflung auf ihn ein: »Nun sei lieb, Peterchen, und mach den Mund auf, damit der Onkel Doktor seine Hand wieder rausnehmen kann …«

*

Der Sohn des Hauses kommt ziemlich kleinlaut nach Hause und fragt seinen Vater:
»Papa, soll ich dir gleich alles über meine erste Fahrt in deinem Auto erzählen, oder willst du es lieber morgen in aller Ruhe in der Zeitung lesen?«

Eine Frau sitzt mit ihrem Sohn in der Bahn. Als der Kontrolleur die Fahrausweise verlangt und die Frau ihm nur einen Fahrschein reicht, betrachtet der Beamte mißtrauisch den Jungen und fragt: »Na, wie alt bist du denn?«
»Dreieinhalb«, antwortet der Junge.
»Oh«, meint daraufhin der Kontrolleur zur Mutter. »Mit dem werden Sie Ärger bekommen. Entweder wird er ein Riese oder ein Lügner.«

Es sagte der Lehrer:

»Bei festlichen Anlässen wird unserem Bürgermeister eine dicke Kette um den Hals gelegt. Weshalb wohl?«
Der Schüler: »Damit er nicht abhaut!«

»Notieren Sie bitte, meine Herren…«

oder

Mitmenschen wie du und ich

Eichhofer will den Kopf nicht in den Sand stecken. »Herr Doktor, ich kann die Wahrheit vertragen. Sagen Sie mir ehrlich und offen, was mir fehlt.«

»Na gut: Sie saufen und futtern zuviel, haben zuwenig Schlaf und zuwenig Bewegung. Das ist alles.«

Eichhofer atmet auf. »Da bin ich ja beruhigt – und könnten Sie mir das jetzt noch einmal auf lateinisch sagen, damit ich meinen Chef informieren kann?«

*

»Es ist also Ihr Wunsch, daß Sie nach Ihrem Tod der Anatomie übergeben werden?« fragt der Chefarzt den Landstreicher, der kurz vorher eingeliefert worden ist.

Der Alte nickt. »Ja, Herr Professor, ich möchte einmal so richtig im Alkohol schwimmen.«

*

Um Mitternacht ruft beim Arzt ein Mann an. »Bitte kommen Sie sofort, Herr Doktor. Meine Frau hat Fieber.«

»Ist es hoch?«

»Nein«, sagt der Mann, »in der ersten Etage.«

*

»Bitte kommen Sie schnell, Herr Doktor, meinem Mann geht es ganz schlecht«, fleht die Frau am Telefon.

Sofort packt der Arzt seine Tasche und fährt zu der angegebenen Adresse. Er läutet eben an der Wohnungstür, als diese von innen aufgeht und der Pfarrer vor ihm steht.

»Zu spät, Herr Doktor«, sagt der Geistliche, »er gehört schon mir!«

»Es war eine gute Operation«, sagt der Chefarzt zu dem aus der Narkose erwachenden berühmten Fernsehmoderator.

Der flüstert: »Und wieviel Prozent Sehbeteiligung hatten wir?«

*

Müller fährt auf einen Parkplatz und fragt den Parkwächter: »Was kostet das Parken?«

»Zwanzig Mark.«

»Himmel, ist das hier immer so teuer?«

»Nein, nur für Sie!«

»Weshalb nur für mich?« will Müller wissen.

Meint der Parkwächter bedächtig: »So, wie Ihr Wagen aussieht, kann man ja nicht sicher sein, daß Sie ihn wieder abholen.«

*

Der neue Patient erwacht aus der Narkose und stellt sich dem Leidensgenossen im Zimmer vor.

»Gestatten, Gill, Zwölffingerdarm.«

Sagt sein Nachbar: »Lindner, Überholverbot.«

*

Geknickt sitzt ein junger Chirurg zu Hause. Sein erster Patient ist während der Operation gestorben. So trifft ihn sein Freund, ein Rechtsanwalt, an.

»Das mußt du nicht so tragisch nehmen, mein Lieber«, tröstet er den Betrübten, »mein erster Klient sitzt lebenslänglich.«

Ein Mann wird in ein Krankenhaus eingeliefert. Der Arzt fragt, was ihm fehle.

Der Patient: »Jagdunfall. Voll in die Eier geschossen.«

Der Arzt entsetzt: »Drücken Sie sich gefälligst anständiger aus. Wir sind ein kirchliches Haus, und morgen besucht uns der Bischof.«

Der Bischof kommt und fragt den Patienten, was er habe. Meint dieser: »Jagdunfall. Zwischen die Beine geschossen.«

Daraufhin der Bischof: »Da können Sie ja froh sein, daß die Eier nicht getroffen wurden.«

*

Atemlos erreicht ein Mann den neunten Stock eines Hauses, dessen Fahrstuhl außer Betrieb ist. Er klingelt, es wird geöffnet.

»Helfen Sie mir, Herr Doktor«, stöhnt er, »ich bin so kurzatmig. Hören Sie nur, wie ich keuche. Was kann man dagegen tun?«

»Sie sollten viel spazierengehen, das Rauchen aufgeben, den Alkohol und die Frauen meiden. Als erstes sollten Sie sich jedoch eine Brille anschaffen.«

»Eine Brille? Warum denn eine Brille?«

»Weil ich Rechtsanwalt bin. Der Arzt hat seine Praxis im zweiten Stockwerk.«

*

Der Autofahrer kommt wieder zu sich und fragt verwirrt:

»Was ist passiert?«

»Sie hatten einen Unfall.«

»Und wozu habe ich noch das Lenkrad in der Hand?«

»Das ist kein Lenkrad. Das ist eine Harfe.«

Spät in der Nacht wird bei einem Arzt angerufen. Der übermüdete Doktor will nicht gestört werden. Seine Frau nimmt den Hörer ab und erklärt: »Leider ist mein Mann nicht zu Hause ...«

»Wie entsetzlich!« unterbricht sie eine nervöse Frauenstimme. »Ich kann nicht einschlafen und habe furchtbare Schmerzen.«

»Ich liege zwar auch schon im Bett, aber vielleicht kann ich Ihnen einen Rat geben ...« Fragend sieht die Frau des Arztes ihren Mann an, der ihr den Namen eines Medikamentes zuflüstert. Sie gibt das Gehörte weiter.

»Vielen Dank!« ruft die Patientin. »Aber sagen Sie bitte, ist der Mann, der gerade bei Ihnen zu sein scheint, auch wirklich Arzt?«

*

Eine lange Schlange hat sich vor dem Postschalter gebildet. Eine ältere Dame schiebt sich an den übrigen Wartenden vorbei und meint erklärend: »Ich möchte nur ein paar Briefmarken kaufen.«

Ertönt eine ungehaltene Stimme aus der Menge: »Glauben Sie vielleicht, wir haben uns hier zur Polonaise aufgestellt?«

*

Der Patient ist immer schwerhöriger geworden und hat einen Knopf ins Ohr bekommen.

»Wie sind Sie denn mit dem neuen Hörgerät zufrieden?« fragt der Arzt beim nächsten Besuch.

»Der Apparat ist wirklich ganz ausgezeichnet, Herr Doktor«, lobt der Patient. »Ich habe schon dreimal mein Testament geändert!«

Ein Mann sitzt in der Badewanne und schimpft leise vor sich hin: »Idiotische Medizin – dreimal täglich zehn Tropfen in warmem Wasser einzunehmen!«

*

Eichhofer kommt zum Gebrauchtwagenhändler und sagt: »Ich möchte mir gern den Wagen ansehen, den Sie für zweitausend Mark in der Zeitung inseriert haben.«
»Da kommen Sie leider zu spät, der Wagen ist schon verkauft. Aber ich kann Ihnen die Adresse des Käufers geben. Ich bin sicher, daß Sie das Auto inzwischen für tausend Mark haben können!«

*

Der Freund ist fassungslos und fragt voller Staunen: »Menschenskind, woher hast du denn diesen tollen Sportwagen?«
»Von einer Tombola«, antwortet der stolze Besitzer.
»Du hast den ersten Preis gewonnen?«
Der andere grinst. »Nein, die Tombola organisiert …«

*

Ein Arzt studiert im Restaurant etwas umständlich die Speisekarte. Der Ober eilt herbei, um dem Doktor bei der Auswahl behilflich zu sein.
»Ich habe gepökelte Zunge, gedämpftes Hirn, Froschschenkel, saure Nieren …«
Der Arzt blickt etwas zerstreut hoch. »Gut, kommen Sie gleich in meine Sprechstunde. Ich will nur rasch eine Kleinigkeit essen.«

Jidische Medizin –
dreimal täglich zehn
Tropfen im warmen Wasser
einzunehmen!

Ein Autofahrer hängt sich bei dichtem Nebel an die Schlußlichter seines Vordermannes. Plötzlich bremst dieser, und es kommt zu einem Auffahrunfall.
Wutentbrannt springt der Autofahrer aus seinem Wagen und brüllt: »Sind Sie wahnsinnig, so plötzlich zu bremsen?«
Darauf der andere: »Was wollen Sie eigentlich? Ich bin in meiner Garage!«

*

Nur durch scharfes Bremsen können zwei Autofahrer das Schlimmste verhindern. Wütend kurbelt der eine sein Fenster herunter und brüllt: »Du Idiot! Du hast das Autofahren wohl per Durchsage am Telefon gelernt!«
Der andere brüllt zurück: »Stimmt genau. Und du warst wohl am anderen Ende der Leitung.«

*

Auf einer abschüssigen Strecke wird das Taxi immer schneller, bis schließlich der Fahrer flucht: »Verdammt, ich kann den Wagen nicht mehr halten.«
Darauf der Fahrgast: »Dann halten Sie wenigstens die Taxiuhr an.«

*

Doktor Meisel untersucht den älteren, dicken Patienten sehr gründlich. Dann geht er zum Telefon, wählt eine Nummer und sagt in den Hörer:
»Hallo, Alfred! Ich habe gerade einen interessanten Fall. Du suchst doch so dringend eine Wohnung. Ich weiß jetzt, wo in Kürze eine frei wird.«

Völlig mit den Nerven runter kommt Hansmann aus dem Gerichtssaal.

»Das war vielleicht ein Reinfall! Zuerst bekomme ich fünf-hundert Mark Strafe wegen Erregung öffentlichen Ärger-nisses, nur weil ich die blöde Gans im Auto geliebt habe. Und als sie als Zeugin vortritt und der Richter sie genau sehen kann, donnert er mir noch fünfhundert Mark zusätz-lich wegen Trunkenheit am Steuer auf!«

*

Auf dem Kurfürstendamm in Berlin fährt ein Auto an den Bordstein. Das Fenster wird heruntergekurbelt und ein Passant gefragt: »Wenn ich da vorn links abbiege, steht da der Bahnhof Zoo?«

»Auch wenn Se nich abbiejen«, antwortet der Berliner, »steht er da.«

Es sagte der Mechaniker:

»Letzte Woche hatten Sie ja keinen Unfall – waren Sie krank?«

Seit Stunden beobachtet der Tankwart einen Mann, der sich ständig bei den Zapfsäulen aufhält und offensichtlich auf etwas wartet. Schließlich fragt er ihn: »Was stehen Sie denn die ganze Zeit hier herum?«

Der Mann macht ein gequältes Gesicht und erklärt stand-haft: »Ich will mir das Rauchen abgewöhnen!«

»Isch suche eine Parkplass«, wendet sich die verzweifelte Französin an einen Hamburger Polizisten.

Fragt der völlig konsterniert zurück: »Und deshalb kommen Sie extra aus Frankreich?«

*

Dieter trifft seinen Freund Horst auf der Straße.

»Nanu«, fragt er ihn, »ich dachte, du solltest für sechs Wochen in Kur fahren?«

Horst nickt freudestrahlend. »Du hast recht, das dachte ich auch«, sagt er, »aber dann bin ich doch mit einem Bußgeldbescheid davongekommen.«

*

An der Kreuzung krachen zwei Autos aufeinander. Der eine Fahrer springt aus seinem verbeulten Wagen und läuft zu dem anderen Unfallwagen.

Ängstlich beugt er sich zu dem Fahrer, der hinter dem Steuer eingeklemmt ist, und fragt durchs Fenster: »Haben Sie was abgekriegt?«

Antwortet der Fahrer: »Wieso, haben Sie einen ausgegeben?«

*

Dr. Mohren ist in grauenvoll depressiver Stimmung. Er klettert in ein Taxi.

»Wohin darf ich Sie denn fahren?« erkundigt sich der Taxifahrer.

»Ach«, seufzt Dr. Mohren, »ich möchte Selbstmord begehen. Fahren Sie mich bitte gegen einen dicken Baum!«

Es hat gebumst. Blechschaden. Die junge Dame entsteigt einem schnittigen Wagen, der junge Mann einem rassigen Sportkabrio. Beide eilen erregt zu dem alten Mann, der zufällig ganz in der Nähe steht und somit Augenzeuge geworden ist.

Beide reden aufgeregt auf ihn ein. »Würden Sie Zeuge sein?«

Der alte Mann meint kopfschüttelnd: »Aber, aber, wer wird denn wegen so einer Kleinigkeit gleich heiraten?!«

*

Verkehrsstockung. Ein Mann hupt wie besessen.

Eine junge Frau beugt sich aus dem Nachbarwagen und fragt interessiert: »Und was haben Sie sonst noch zum Geburtstag bekommen?«

*

Die Hochzeitsgäste unterhalten sich.

»Die Braut sah in der Kirche aber sehr müde und erschöpft aus«, meint der eine.

»Kein Wunder. Sie ist dem Bräutigam doch zwei Jahre lang nachgerannt!«

*

Die Freundin hat eine sensationelle Geschichte gehört und fragt voller Aufregung: »Veronika, stimmt es, daß der Forstbeamte dich unter Lebensgefahr aus dem Waldsee gerettet hat?«

»Unsinn«, knurrt die Gerettete voller Entrüstung, »der hat mich von seinem Vorstehhund apportieren lassen!«

Hanselmann rammt beim Einparken einen anderen Wagen. Sofort sammeln sich Neugierige um ihn. Unter ihren Augen schreibt Hanselmann einen Zettel, klemmt ihn unter den Scheibenwischer des beschädigten Wagens und fährt davon.

Als der Besitzer zu seinem demolierten Auto kommt, liest er: *Dies schreibe ich, damit die Zuschauer denken, ich lasse meine Adresse da. Das war ein Irrtum.*

*

Der Konditor ruft beim Arbeitsamt an. »Ich brauche dringend eine neue Verkäuferin für Kuchen und Backwaren.«

»Soll sie jünger oder älter sein?« erkundigt sich der Sachbearbeiter.

»Egal«, sagt der Konditor, »Hauptsache Diabetikerin.«

*

»Fräulein Siebel«, sagt der Oberinspektor diskret zu der hübschen Inspektorin, »ich muß Sie leider bitten, in Zukunft hier in der Behörde etwas weniger auffällige Garderobe zu tragen.«

»Nanu, haben Sie plötzlich moralische Bedenken?« wundert sich die Schöne.

»Das nicht. Aber Ihnen ist doch bekannt, daß der Oberregierungsrat an erhöhtem Blutdruck leidet.«

*

Der Briefträger schaut durch den Briefschlitz und sagt: »Hören Sie auf, so miserabel zu bellen, Herr Schulze, heute ist keine Rechnung dabei.«

Bachhuber steigt am Bahnhof in ein Taxi, offensichtlich in angetrunkenem Zustand.

»Bitte zum Bahnhof«, lallt er.

Der Taxifahrer ist erstaunt. »Aber da sind wir doch schon!«

Bachhuber gibt dem Fahrer einen Zwanzigmarkschein und sagt: »Der Rest ist für Sie. Aber fahren Sie das nächste Mal nicht wieder so schnell.«

*

Der Landwirtschaftsminister ist zu einer Besichtigung in dem hübschen kleinen Dorf eingetroffen und ist sehr angetan von allem, was er zu sehen bekommt.

Der Bürgermeister, der ihn herumgeführt hat, präsentiert ihm voller Stolz den erfolgreichsten Bauern der Gemeinde: »Und das ist der Lindhuber, der bei der letzten Rindviehausstellung den ersten Preis erhalten hat.«

*

Der Bürgermeister hält zu Ehren der Feuerwehr bei der Einweihung der neuen Feuerspritze eine flammende Rede. Endlich kommt er zum Schluß.

»Möge diese Spritze den älteren Jungfrauen unseres Ortes gleichen: stets bereit, doch von niemandem begehrt ...«

*

Ein Beamter merkt plötzlich, daß der Kollege am Nachbartisch leise stöhnt.

»Was ist denn los mit dir?« fragt er.

»Ach«, antwortet der andere, »mir ist so schwindlig. Ich habe die Rundschreiben zu schnell gelesen.«

Müller weiß, daß sein Freund schon längere Zeit arbeitslos ist, und erkundigt sich immer wieder teilnahmsvoll, ob sich schon etwas ergeben hat. Als er ihn wieder einmal trifft, fragt er: »Na, hast du endlich Arbeit gefunden?«
Der Arbeitslose schüttelt voller Resignation den Kopf. »Ich war beim Arbeitsamt, aber da wurden nur Arbeitskräfte beiderlei Geschlechts gesucht – und wer hat das schon?«

*

Nach Dienstschluß klingelt beim städtischen Leihamt das Telefon. Eine Stimme sagt: »Ich habe bei Ihnen unter der Nummer sechs-sieben-drei-eins meine Uhr versetzt. Können Sie bitte mal schnell nachsehen, wie spät es jetzt ist?«

Es fragte der Apotheker:

»Was halten Sie denn von den beiden Kandidaten zur Oberbürgermeisterwahl, Herr Daxberger?«
»Ich bin froh, daß nur einer gewählt werden kann.«

Während der Betriebsferien wird das Amtsgebäude renoviert. In einem der Büroräume steht ein Maler auf der Leiter und streicht die Decke. Da klingelt auf dem abgedeckten Schreibtisch das Telefon.
Ärgerlich steigt der Maler von der Leiter, hebt den Hörer ab und brummt hinein: »Heute ist keiner da, weil hier gearbeitet wird.«

Der Gesangsverein von Grünenbach braucht dringeng eine neue Fahne und hat die Bevölkerung zu Spenden aufgerufen. Der Erfolg ist minimal.

Der Vorstand wendet sich an den Bürgermeister und bittet um Hilfe. Der Bürgermeister ist auch sofort bereit, sich für den guten Zweck einzusetzen, und erklärt in der nächsten Ausgabe des Gemeindeblattes:

Der Bürgermeister bedauert, daß sich die Bevölkerung unseres Ortes so wenig für kulturelle Bestrebungen interessiert. Er bittet, die im Zuge befindliche Spendenaktion des Gesangsvereins besser zu unterstützen, widrigenfalls sich dieser gezwungen sehen würde, ein Konzert zu veranstalten.

*

Im Dorfgasthaus gerät der Zahnarzt mit dem Bauern in eine Prügelei.

»Das hast du nun davon«, sagt der Bauer nach der Schlacht, »jetzt hast du mir den Zahn ausgeschlagen, den ich mir morgen von dir ziehen lassen wollte!«

*

Ein Beamter sitzt an seinem Schreibtisch und stöhnt leise vor sich hin.

Fragt ihn sein Kollege: »Was hast du denn? Warum stöhnst du denn so? Das macht einen ja ganz nervös.«

»Ich habe mir beim Blumengießen einen Kaktusdorn in den Finger gestochen.«

»Und warum ziehst du ihn nicht einfach heraus?«

Der andere ist fassungslos. »Was, jetzt in der Mittagspause?«

Der Beamte auf dem Arbeitsamt schüttelt mißbilligend den Kopf. »Das ist nun schon die vierte Baustelle, die ich Ihnen empfohlen habe. Und auch hier konnten Sie nicht anfangen. Warum?«
Verteidigt sich der Mann: »Da standen immer diese Schilder mit der Aufschrift *Betreten verboten!*«

*

Ein Betrunkener kommt zum Standesamt.
»Ich wollte fragen, meine Herren, ob man hier bei Ihnen, meine Herren, freundlicherweise eine Geburtsanzeige entgegennehmen würde …«
»Natürlich«, antwortet der Standesbeamte.
Der Betrunkene setzt eine würdevolle Miene auf. »Wunderbar! Dann notieren Sie bitte, meine Herren, ich habe heute morgen Zwillinge bekommen. Nicht direkt ich, sondern meine Frau. Zwei Stück wunderhübsche Zwillinge, meine Herren. Notieren Sie das bitte, meine Herren …«
»Gratuliere«, sagt der Standesbeamte. »Aber warum sagen Sie denn immer meine Herren zu mir? Ich bin doch nur einer!«
Der Betrunkene ist verdattert. »Was? Sie sind nur einer? Dann notieren Sie noch nicht Zwillinge – ich will lieber erst noch mal nachsehen!«

*

Studienrat Weller besucht Hamburg. Er wendet sich an einen Polizisten. »Wo ist denn hier der Hafen?«
Höflich erklärt ihm der Polizist den Weg.
»Danke«, sagt Studienrat Weller, »Sie können sich wieder setzen!«

Zwei alte Bekannte treffen sich nach Jahren ganz zufällig auf der Straße und kommen natürlich ins Plaudern.

»So, Sie leben seit zwei Jahren von Ihrer Beamtenpension«, meint der eine. »Und wie gefällt Ihnen das Leben als Pensionär?«

»Ach, ganz gut«, erwidert der andere. »Nur der Urlaub fehlt mir sehr.«

*

Inspektor Huber liegt krank im Bett. Ein Kollege besucht ihn.

»Was sagt denn eigentlich der Chef, daß ich schon so lange krank bin?« will Huber endlich wissen.

»Oh, deswegen brauchst du dich wirklich nicht zu beunruhigen«, versichert der Kollege. »Ich habe ihm versprochen, jeden Tag zehn Minuten länger zu machen, um deine Arbeit mit zu erledigen …«

*

Amtmann Jahnke macht mit seiner Familie Urlaub auf dem Bauernhof. Er bittet den Landwirt, ihn etwas körperlich arbeiten zu lassen, als Ausgleich für seine tägliche Büroarbeit.

Es ist gerade Kartoffelernte, und der Bauer läßt den Amtmann Kartoffeln nach Größe sortieren. Nach einiger Zeit schaut er nach seinem Gast und findet ihn schweißüberströmt und der Verzweiflung nahe.

Besorgt fragt er, ob die Arbeit dem Amtmann doch zu schwer sei.

»Nein, nein«, meint der Beamte erschöpft, »nur immer diese sofortigen Entscheidungen!«

Dem wartenden Besucher fällt auf, daß am Wandkalender noch das Blatt des Vortages hängt. Er geht hin und reißt es ab.

»Was soll denn das?« fragt der Beamte am Nachbarschreibtisch vorwurfsvoll. »Jetzt haben Sie dem Sachbearbeiter seine heutige Tagesarbeit weggenommen.«

*

Möhler besucht seinen Freund im Rathaus. Er fragt ihn: »Sag mal, ich war eben bei deinem Kollegen nebenan. Arbeitet der überhaupt was?«

»Das wissen wir noch nicht genau«, meint der Freund, »wir haben erst vor vier Wochen seinen Schreibtisch zugenagelt.«

Es sagte der Hausherr:

»Sie sind der Vollstreckungsbeamte? Dann nehmen Sie doch bitte Platz. Das ist das einzige, was Sie hier noch nehmen können.«

Eine ältliche Postbeamtin bespricht mit dem Steinmetz die Inschrift ihres Grabsteines.

»Meister, bitte schreiben Sie: unschuldig geboren – unschuldig gelebt – unschuldig gestorben.«

»Das wird aber kosten, meine Gnädigste«, gibt der Steinmetz zu bedenken. »Was halten Sie von: ungeöffnet zurück?«

»Ich gebe dir mal ein Rätsel auf«, sagt Hauber zu seinem Kollegen. »Paß auf. Drei Finanzbeamte sitzen in einem Büroraum. Der erste hat eine Schreibmaschine, der zweite hat eine Additionsmaschine – was hat der dritte?«

»Hm, vielleicht einen Taschenrechner«, vermutet der Kollege.

»Nein. Der hat Zahnfleischbluten. Jeder dritte Mann in Deutschland hat Zahnfleischbluten!«

Es sagte der Postbeamte:

»Das Wort *hochachtungsvoll* in dem Telegramm ist doch eigentlich überflüssig.«
»Ach, Sie kennen den Empfänger?«

Es sagte die grüne Witwe zum Briefträger: »Das fällt doch sicher auch unter das Postgeheimnis, oder?«

*

»Entsetzlich!« stöhnt Hugo, nachdem er beim Briefkasten war. »Gebühren erhöhen, das können sie, aber funktionieren tut die Post immer schlechter.«

»Wie kommst du denn darauf?« will sein Freund wissen. »Was hast du denn gegen die Post?«

»Na, hör mal, vor zwei Monaten habe ich meinem Onkel einen Brief geschrieben und ihn um fünfhundert Mark gebeten. Bis zum heutigen Tag ist das Geld noch nicht angekommen!«

Der Briefträger ist ziemlich sauer, als er wegen einer einzigen Ansichtskarte zum Leuchtturm hinausrudern muß.
»Post für dich, Jan«, ruft er schlecht gelaunt.
»Paß bloß auf«, ruft der Leuchtturmwärter zurück. »Wenn du maulst, abonniere ich ab sofort eine Tageszeitung!«

*

Nach einem Schiffbruch retten sich die Überlebenden auf eine kleine Insel. Sie finden weit und breit keine Spur menschlichen Lebens. Endlich kommt ihnen ein abgerissener, restlos erschöpfter Mann entgegen. Auf die Frage, wer er sei, bringt er mühsam heraus: »Ein Beamter.«
»Na, Gott sei Dank«, ruft einer der Schiffbrüchigen, »da haben wir ja noch einmal Glück gehabt. Wir sind in einem zivilisierten Land!«

Es sagte der Ehemann:

»Ich hätte gern einen schönen Wagen für meine Frau.«
»Bedaure, mein Herr, wir machen keine Tauschgeschäfte.«

Völlig außer Atem schaut der Reisende dem abfahrenden Zug hinterher. »Verdammt!« murmelt er.
»Haben Sie den vielleicht versäumt?« fragt der Bahnbeamte.
»Nein«, bekommt er zur Antwort, »verjagt!«

Ich hätte gern einen schönen Wagen für meine Frau.
Bedaure, mein Herr, wir machen keine Tauschgeschäfte.

Gespräch im Gefängnis. »Warum hast du denn lebensläng-
lich bekommen?« will Ede von dem Neuen wissen.
Meint der lakonisch: »Wegen Beamtenbestechung!«
»Aber dafür gibt's doch nicht lebenslänglich.«
»Manchmal schon«, widerspricht der Neue, »ich habe es
mit dem Messer gemacht.«

*

»Sind Sie Postbeamter?« fragt Brigitte ihren Tanzpartner.
»Nein, wie kommen Sie denn darauf?« fragt der junge
Mann etwas verblüfft.
»Nun«, meint Brigitte, »weil Sie mich wie eine Drucksache
behandeln.«

*

Der Beamte wird am Stammtisch von den anderen immer
wieder aufgezogen. Sagt einer zu ihm: »Sag mal, weißt du
überhaupt, was ein Null-acht-fünfzehn-Beamter ist?«
Der Beamte schaut den anderen fragend an. Ihm schwant
nichts Gutes.
Sagt der andere lachend: »Laut der Novellierung des Beam-
tenrechts ein Beamter, der null Ahnung haben muß, acht
Stunden rumsitzt, ohne etwas zu tun, und nach A fünfzehn
bezahlt wird.«

*

»Wie fühlst du dich mit der neuen Brille?« will der Kollege
wissen.
»Fabelhaft. Ich treffe jetzt Leute, denen ich seit Jahren nicht
mehr begegnet bin.«

In Oberbayern ist die Frau eines Inspektors gestorben.
Hier ruht Olga Huber, Inspektorengattin, steht auf dem Grabstein.
Nach ein paar Jahren wird der Witwer befördert. Da läßt er der Inschrift vom Steinmetz hinzusetzen: *jetzt Oberinspektorengattin.*

*

Zwei Beamte sind sich in die Haare geraten.
»Sie sind der größte Trottel, der frei herumläuft!« ruft der eine.
»Und Sie sind ein ausgewachsener Idiot!« brüllt der andere.
Da mischt sich der Regierungsrat ein. »Aber, meine Herren – ich habe den Eindruck, Sie vergessen völlig, daß ich auch noch hier bin!«

Es fragte der Quizmaster:

»Wie nennt man einen Lehrling beim Zoll? – Filzstift!«

»Frankfurt einfach, mit Platzkarte«, sagt der Reisende.
»Aber einen Eckplatz in Fahrtrichtung und bitte nicht über den Rädern. Und in der Nähe der Toilette …«
»Eine Zwischenfrage«, unterbricht der Schalterbeamte. »Wo sollen wir die Notbremse anbringen – in Hüft- oder Kopfhöhe?«

Die Freundinnen sitzen beim Nachmittagskaffee.
»Am Anfang unserer Ehe haben wir noch viel Post bekommen«, klagt die Frau des Studienrates. »Aber seit Monaten erhalten wir weder Briefe noch Karten. Post-Stille auf der ganzen Linie. Das verstehe ich überhaupt nicht – wo mein Mann doch jeden Brief sorgfältig korrigiert und mit Zensuren versehen zurückgeschickt hat!«

*

Eine schier endlose Autoschlange hat sich an der Grenze gebildet. Es geht nur sehr langsam voran.
»Kognak, Whisky, Zigaretten?« fragt der Zollbeamte.
»Nein, danke«, antwortet der erschöpfte Autofahrer, »aber einen Kaffee können Sie mir bringen!«

Es knurrte der Fahrgast:

»Wozu gibt es eigentlich Fahrpläne, wenn die Züge doch immer Verspätung haben?«
»Woher wüßten Sie sonst, daß die Züge Verspätung haben?«

Der Reisende, der gerade an ihren Schalter geraten ist, betrachtet sie etwas verwirrt.
Sagt Susi wütend: »Starren Sie doch nicht so in meinen Ausschnitt!«
»Tue ich ja gar nicht«, wehrt sich der Mann, »ich will doch nur zwei Fahrkarten nach Tittlingen!«

Der Pfarrer hat im Urlaub billig Kaffee eingekauft. Jetzt kommt es darauf an, ihn durch den Zoll zu schmuggeln, ohne zu lügen. Der Pfarrer steckt also ein großes Paket unter den rechten und eines unter den linken Arm.

»Na«, fragt der Zollbeamte, »auch etwas eingekauft?«

»Ja, mein Sohn. Sechs Pfund Kaffee. Aber ich habe ihn unter den Armen verteilt!«

Es fragte der Zollbeamte:

»Haben Sie Devisen?«
»Nur eine: Laß dich nie erwischen!«

Kurz vor der schriftlichen Prüfung beruhigt der Schulrat die Abiturienten. »Meine Damen und Herren, Sie müssen vor der Prüfung wirklich keine Angst haben. Vor Jahren hatte ich einen Kandidaten, den wir durchfallen lassen mußten, weil seine Leistungen absolut ungenügend waren. Der Herr ist jetzt unser Kultusminister.«

*

Die hübsche blonde Helga kommt an den Schalter für postlagernde Sendungen und erkundigt sich errötend: »Ist ein Brief da unter ›Blondes Glück‹?«

Der Schalterbeamte sieht in seinen Karteikasten, dann der jungen Dame tief in die Augen und meint: »Nein, noch nicht. Aber wenn Sie ein paar Minuten warten, schreibe ich Ihnen gern einen.«

**»Wie lange willst du denn
bei uns bleiben?«**

oder

**Immer Schwierigkeiten
mit der Schwiegermutter**

Daxberger hat am Montagmorgen Neuigkeiten für seinen Kollegen im Büro.

»Mir hat man das Auto gestohlen«, erzählt er.

»Das tut mir aber leid«, antwortet der Kollege.

»Wie man's nimmt«, meint Daxberger. »Meine Schwiegermutter saß noch auf dem Rücksitz!«

*

Der bei einem Autounfall Verunglückte erwacht aus seiner Ohnmacht. »Wo ... bin ... ich«, haucht er.

»Sie haben Glück gehabt«, sagt aufmunternd der Arzt, der sich über ihn beugt. »Es ist nicht schlimm, nur ein kleiner Zusammenstoß. Sie liegen in der Wohnung Ihrer Schwiegermutter.«

»Ist sie tot?« fragt hoffnungsvoll der Schwiegersohn.

*

»Herzlich willkommen«, begrüßt der Schwiegersohn seine Schwiegermutter an der Haustür. »Wie lange willst du denn bei uns bleiben?«

»Ach, nur so lange, bis ich euch auf die Nerven falle.«

Sagt der Schwiegersohn: »Ach, so kurz nur ...!«

*

»Hör mal, mein Junge!« sagt die Schwiegermutter mit drohend erhobener Stimme. »Gestern war deine liebe Frau, meine Tochter, bei mir ...«

»Hab' ich mir's doch gedacht«, meint der Schwiegersohn. »Sie nimmt einfach alles zu wörtlich. Ich habe ihr nämlich gesagt, sie solle sich gefälligst zum Teufel scheren ...«

Gerhards Schwiegermutter ist dahingegangen. Der Herr vom Bestattungsinstitut fragt nach den Wünschen.

»Normales Begräbnis oder Einäscherung?«

»Beides!« bestimmt der Schwiegersohn. »Ich will sichergehen.«

*

Der Ehemann kauft ein.

»Ich brauche ein Pfund Mandarinen für meine Schwiegermutter. Sind die mit irgendeinem Gift gespritzt?«

»Nein«, meint der Obstverkäufer, »aber nebenan in der Apotheke bekommen Sie bestimmt etwas Passendes.«

*

Die Schwiegermutter redet ihrer Tochter ins Gewissen.

»Barbara«, droht sie, »falls dein Mann wieder betrunken ist, wenn ich euch besuche, drehe ich mich auf der Stelle um und komme nie wieder!«

Die Tochter legt erschrocken den Finger auf den Mund.

»Um Gottes willen, nicht so laut, Mama. Wenn Manfred das hört – der wird ja nie wieder nüchtern ...«

*

Die Schwiegermutter ist gestorben, und Hufnagl erkundigt sich nach einem preisgünstigen Sarg.

Der Verkäufer zeigt ihm verschiedene Modelle, doch Hufnagl schüttelt immer nur den Kopf, bis der Verkäufer die Geduld verliert.

»Okay, okay, bringen Sie Ihre Schwiegermutter vorbei, dann machen wir Griffe dran.«

Ein Witwer hat wieder geheiratet, und zwar die Schwester seiner verstorbenen Frau.

»Lieben Sie sie denn?« fragt ein Bekannter.

»Das nicht«, meint der Ehemann achselzuckend, »aber warum soll ich mich in meinem Alter noch an eine neue Schwiegermutter gewöhnen?«

*

Die Schwiegermutter ist ohnmächtig geworden.

»Man muß sie wieder zu sich bringen«, sagt der herbeigerufene Arzt. »Leider muß ich ihr zu diesem Zweck ein paar Ohrfeigen geben.«

Da ruft der Schwiegersohn: »Oh, bitte, Herr Doktor, lassen Sie mich das machen. Schon seit zehn Jahren warte ich auf diese Gelegenheit!«

*

Der Kegelbruder erkundigt sich teilnahmsvoll: »Ja, sag mal, Rudi, woher hast du denn dieses tolle blaue Auge?«

»Vom Beten«, lautet die erstaunliche Antwort.

»Wieso denn das?«

»Ja, weißt du, als wir gestern ›... und erlöse uns von dem Übel‹ gebetet haben, habe ich zufällig meine Schwiegermutter angesehen, und das muß sie mißverstanden haben.«

*

Der Ehemann klagt einem Freund: »Meine Schwiegermutter ist wie eine Tageszeitung.«

»Warum? Redet sie so viel?«

»Nein, sie erscheint täglich!«

Die Ehefrau ist schon ganz nervös vom Suchen.

»Liebling, hast du mein Buch gesehen?« fragt sie schließlich ihren Mann.

»Welchen Titel meinst du denn?« fragt er zurück.

»Wie man hundert Jahre alt wird.«

»Das habe ich weggeworfen.«

Sie ist ganz entgeistert. »Aber warum denn?«

Meint er entschuldigend: »Deine Mutter wollte es lesen.«

*

Der Kollege schüttelt den Kopf und meint: »Immer diese blöden Schwiegermutter-Witze. Also, ich vertrage mich mit meiner ausgezeichnet.«

»Wo wohnt sie denn?«

»In Australien ...«

*

»Und wenn du es genau wissen willst«, faucht Gerd seine Schwiegermutter an, »ich lasse mich nur deinetwegen von deiner Tochter scheiden!«

Die alte Dame schlägt errötend die Augen nieder. »Aber, Gerd ...«

*

Der Beamte wundert sich, daß sein Kollege schon am Schreibtisch sitzt, als er das Büro betritt.

»Nanu, ich denke, deine Schwiegermutter wird heute beerdigt, und du bist hier im Büro?«

Sagt der andere: »Du kennst doch meinen obersten Grundsatz: »Erst die Arbeit, dann das Vergnügen!«

Lehmann kommt zur Eheberatungsstelle.
»Ich liebe meine Frau und könnte auch wirklich eine glückliche Ehe führen«, schildert er die Situation. »Nur wohnt bei uns meine Schwiegermutter, und die treibt mich allmählich zum Wahnsinn. Was soll ich bloß tun?«
Der Psychologe überlegt eine Weile und meint dann:
»Ganz unter uns gesagt: Haben Sie es schon mal mit Gift versucht?«

*

Kirchberger kommt von der Beerdigung seiner Schwiegermutter zurück. Als er gerade die Haustür aufschließen will, fällt ihm ein Ziegel auf den Kopf.
Murmelt Kirchberger ganz benommen vor sich hin: »Die scheint ja schon oben zu sein ...«

*

Zwei Männer kommen auf dem Friedhof ins Gespräch.
»Wen betrauern Sie?«
»Meine Frau. Und Sie?«
»Meine Schwiegermutter.«
»Auch nicht schlecht.«

»Ein Mitglied meiner Familie arbeitet!«

oder

Zu einer Familie gehören mindestens drei

Margit ruft den Hausarzt an. »Kommen Sie schnell, Herr Doktor. Papa ist krank, Mama ist krank, Großmutter liegt im Bett und rührt sich nicht. Und meine große Schwester wälzt sich auf dem Teppich.«

»Ja, um Himmels willen«, entsetzt sich der Doktor, »und was fehlt dir, mein Kind?«

»Nichts, Herr Doktor, ich war nicht brav, und zur Strafe durfte ich keine Pilze mitessen.«

*

Anruf aus dem Krankenhaus. Der Richter ist Vater von Vierlingen geworden. Die Kollegen gratulieren, aber der Richter stöhnt verzweifelt:

»Ich glaube, ich werde das Verfahren einstellen müssen!«

*

Der alte Renz hat den Arzt gerufen. Der Doktor kommt. Renz öffnet ihm. Fragt der Doktor: »Na, Renz-Opa, wo sitzt denn Ihr altes Leiden?«

Flüstert Renz: »Da hinten im Sessel, es telefoniert mit der Schwiegertochter!«

*

»Kennen Sie den Unterschied zwischen Erbanlagen und Umwelteinflüssen?« frotzelt der Gynäkologe seinen Kollegen.

»Nein, kenne ich nicht.«

»Nun, sieht ein Baby dem Vater ähnlich, ist das eine Erbanlage – sieht es dem Nachbarn ähnlich, sind das Umwelteinflüsse!«

Ein Bauer kommt von weit her zu seinem schwerkranken Bruder in das Krankenhaus. Über eine Stunde spricht er ihm Trost zu. Zum Abschied sagt er:
»Also, mach's gut, Heinrich – und zu deiner Beerdigung kommen wir dann alle!«

Es fragte die Tochter:

»Papa, sag mal, warum hast du Mama eigentlich ge-heiratet?«
»Siehst du, Margarete, nicht mal das Kind versteht es!«

Die Kollegen reden über ihre Frauen.
»Seit einem halben Jahr treibt meine Frau nun auch Body-building, um jünger zu erscheinen.«
»Und der Erfolg?«
»Jetzt sieht sie nicht mehr aus wie eine Frau von drei-undvierzig, sondern wie ein Mann von fünfund-dreißig.«

*

Eine ältere Dame wird gefragt, warum sie nicht geheiratet hat.
Sie überlegt einen Moment, dann sagt sie: »Ich besitze einen Hund, der bellt, einen Papagei, der flucht, einen Kamin, der raucht, und eine Katze, die streunt. Warum sollte ich hei-raten?«

Unterhalten sich zwei Freunde.

»Wer ist eigentlich bei euch der Herr im Haus?« erkundigt sich der eine.

Meint der andere: »Das ist so: Meine Frau kommandiert die Kinder, die Kinder kommandieren den Hund – und ich kümmere mich um die Blumen …«

*

Der erschöpfte Hausarzt ist gerade eingeschlafen, als ihn ein Telefonanruf weckt.

»Bitte kommen Sie sofort!« bestürmt ihn eine Mutter mit Panik in der Stimme. »Unser kleiner Sohn hat ein Präservativ verschluckt!«

Der Arzt zieht sich rasch an, aber noch bevor er das Haus verläßt, klingelt erneut das Telefon.

»Sie brauchen doch nicht zu kommen«, sprudelt die Frau erleichtert los. »Mein Mann hat gerade ein anderes gefunden!«

*

Die alte Mutter des Bauern liegt krank im Bett und verlangt nach dem Pastor. Der Sohn aber holt den Arzt. Der untersucht die alte Dame, klopft sie ab, kontrolliert Herz und Lunge, verschreibt ihr dann ein Rezept und geht.

»Wer war dieser Mann?« fragt die Kranke ihren Sohn.

»Das war Dr. Hufnagl, Mutter. Der beste Arzt weit und breit …«

»Ach so«, murmelt die alte Dame. »Ich fand ja auch, daß er sich viel zuviel Vertraulichkeiten für einen Pastor herausnahm!«

»Na, Frau Müller, hat die Medizin geholfen?« fragt der Arzt.
»Ausgezeichnet, Herr Doktor. Das Rheuma ist weg, meine Kinder husten nicht mehr, und mit dem Rest habe ich noch mein Silberzeug geputzt!«

Es sagte der Schwiegervater:

»Jetzt, wo du meine Tochter geheiratet hast, hoffe ich doch sehr, daß du keine Dummheiten mehr machst.«
»Keine Angst, das war wirklich meine letzte!«

Die junge Ehefrau redet ihrem etwas arbeitsscheuen Mann ins Gewissen.
»Ich bin beschämt über die Art, wie wir leben müssen. Meine Mutter zahlt für uns die Miete und das Telefon. Onkel Herbert kauft uns Kleidung, und meine Schwester schickt Geld für Lebensmittel. So kann das doch nicht mehr weitergehen!«
Antwortet ihr Göttergatte: »Recht hast du – deine beiden Brüder könnten auch mal ein paar Mark lockermachen.«

*

Als der Beamte im Kultusministerium von seiner Frau erfährt, daß sich seine Tochter ihren Lebensunterhalt als Callgirl verdient, stöhnt er verzweifelt auf.
»Womit haben wir das verdient! Ein Mitglied meiner Familie arbeitet!«

»Kriechen muß man können,
nicht meckern!«

oder

Wunderbare Tierwelt

»Sie sind mir lieb und wert«, sagt der Arzt, »aber konnten Sie nicht früher kommen? Sie sehen doch am Schild, daß die Sprechstunde beendet ist.«

»Entschuldigen Sie«, meint der Patient kleinlaut. »Der Hund hat mich so spät gebissen.«

*

Vor einem mächtigen, mit Bierfässern beladenen Brauereiwagen sind die Pferde durchgegangen. Ausgerechnet auf der Hauptverkehrsstraße. Oben auf dem Bock versucht der Kutscher mit aller Kraft, die Tiere wieder in seine Gewalt zu bekommen. Der Bierwagen donnert an einem Taxi vorbei.

Mitleidig sieht der Fahrer den Kampf des Kollegen aus der guten alten Zeit und ruft dem Kutscher nach: »Ben Hur, was?«

*

Der Imker kommt mit einem geschwollenen Auge zum Arzt.

»Nanu«, fragt der, »hat Sie eine Biene gestochen?«

Meint der Imker verlegen: »Nein, Herr Doktor – sie hat zugeschlagen …«

*

»Mein Hund hat mir das Leben gerettet«, erzählt Hufnagl voller Stolz.

»Was, dieser kleine Kerl?«

»Ja, vier Ärzte wollten an mein Krankenbett, und keinen hat er rangelassen!«

Das Auto überschlägt sich, die Insassen sind leicht verletzt. Ein Wagen hält an, der Fahrer steigt aus und sagt: »Ich bin leider Tierarzt und kann Ihnen nicht helfen.«
»Dann sind Sie hier genau richtig«, zetert die Frau aus dem Unfallwagen und deutet auf ihren Mann. »Dieses Kamel hat geglaubt, man könne bei abgefahrenen Reifen mit hundertzwanzig Sachen in die Kurve gehen!«

*

»Wo haben Sie denn den Kanarienvogel her?«
»Wir sind extra auf die Kanarischen Inseln geflogen, um ihn dort zu kaufen.«
»Aber in der Zoohandlung am Rathaus gibt's doch auch welche.«
»Schon möglich. Aber finden Sie da mal einen Parkplatz!«

*

Zwei ältere Pferde stehen an der Autobahn und sehen die angegurteten Autofahrer vorbeirasen.
»Jetzt weiß ich, wieso die uns nicht mehr brauchen.«
»Warum?«
»Sie ziehen ihren Karren jetzt selber.«

*

Aumann hat sich einen neuen Kleinstwagen gekauft. Nach einer Weile kommt er zum Autohändler und sagt: »Bitte, montieren Sie mir höhere Räder an den Wagen.«
»Warum denn das?« staunt der Händler.
Sagt Aumann erbittert: »Weil ich es satt habe, daß mir die Dackel immer ins Gesicht starren.«

»Ich habe gehört«, sagt im Zoo ein Löwe zum anderen, »daß du einmal ausgebrochen bist.«

»Ja«, knurrt der andere grimmig. »Ich hatte mich im Rathaus versteckt. Jeden Tag fraß ich einen Beamten, und sie haben nichts gemerkt. Doch dann erwischte ich 'ne Putzfrau – und da waren sie wie wild hinter mir her …!«

*

Mitten in der Prärie bleibt einem Mann das Auto stehen. Plötzlich kommt ein Schimmel angetrabt, tritt gegen den Wagen, und die Maschine springt wieder an. Später erzählt der Mann an einer Tankstelle sein Erlebnis.

Meint der Tankwart: »Da haben Sie aber Glück gehabt. Hier in der Gegend läuft auch ein Brauner rum, und der hat von Motoren keine Ahnung.«

*

Gerichtsverhandlung nach einem Autounfall.

Der Anwalt des schuldigen Fahrers fragt den Kläger: »Ist es richtig, daß Sie nach dem Unfall meinem Mandanten erklärt haben, Sie seien nicht verletzt?«

»Natürlich habe ich das gesagt«, gibt der Kläger zu, »aber dazu müssen Sie wissen, wie sich das Ganze abgespielt hat. Also, ich trabe mit meinem Pferd ruhig die Straße entlang. Da kommt das Auto angerast und befördert uns in den Graben. Der Fahrer steigt aus, kommt auf uns zu und sieht, daß mein Pferd ein Bein gebrochen hat. Darauf murmelt er was von ›verletzt‹, zieht eine Pistole und erschießt das arme Tier. Danach sieht er mich an und fragt: ›Sind Sie auch verletzt?‹ Nun frage ich Sie, Herr Rechtsanwalt, was hätten Sie geantwortet?«

Eichhofer macht mit seinem Sportwagen eine Landpartie und fährt beim Überholen einer Schafherde den Leithammel an.

Zu dem Schäfer sagt er: »Ich werde Ihnen natürlich das Tier ersetzen.«

Der Schäfer lacht nur höhnisch und meint: »Ja, glauben Sie vielleicht, meine Schafe würden das nicht merken?«

*

In der Amtsstube. Wundert sich der Besucher: »Sie haben hier aber viele Fliegen!«

»Ja«, meint der Beamte, »genau sechsundsiebzig.«

*

Ein Mann kommt zum Arbeitsamt und meldet sich arbeitslos.

»Was sind Sie denn von Beruf?« erkundigt sich der Beamte.

»Elefantenjäger.«

»Aber hier gibt es doch gar keine Elefanten!«

»Genau«, bestätigt der Mann. »Deshalb bin ich ja auch arbeitslos.«

*

»Vielleicht sollte ich einmal mit dir reden«, überlegt die Freundin laut. »So geht es ja nicht weiter. Dein Mann hat mir erzählt, er führe zu Hause ein Hundeleben.«

»Stimmt ganz genau«, bestätigt die Ehefrau, ohne mit der Wimper zu zucken, »er kommt mit schmutzigen Füßen nach Hause, macht es sich am Kamin bequem, knurrt und lauert auf das Essen!«

Der Richter hält dem Angeklagten ein umfangreiches Straftatenregister vor und beendet seine Ausführungen:

»... außerdem haben Sie sich des Versuchs der aktiven Beamtenbestechung schuldig gemacht.«

»Wieso Beamtenbestechung, Herr Vorsitzender?« fragt der Angeklagte erstaunt.

»Ich muß Ihrem Gedächtnis wohl auf die Sprünge helfen, Angeklagter. Haben Sie nicht dem Polizeihund eine Fleischwurst hingehalten?«

*

Die Stammtischbrüder führen ein tiefsinniges Gespräch über ihren Biergläsern.

»Manchmal möchte ich ein Hund sein!« sinniert der eine.

»Weshalb denn?« fragt der andere erstaunt.

»Dann müßte ein anderer für mich die Steuern zahlen.«

*

»Morgen ist unsere silberne Hochzeit«, sagt die Bäuerin zum Bauern. »Wollen wir für das Fest nicht das Schwein schlachten?«

»Wieso?« Der Bauer sieht seine Frau erstaunt an. »Das Schwein kann doch nichts dafür.«

*

Moser sitzt betrunken im Taxi und jammert: »Wenn ich doch nur eine Maus wäre!«

»Warum denn?« wundert sich der Taxifahrer.

»Weil eine Maus das einzige Wesen ist, vor dem meine Frau sich fürchtet.«

Wolter humpelt in die Arztpraxis und jammert: »Mein Hund hat mich ins Bein gebissen!«
Fragt der Arzt: »Haben Sie etwas draufgetan?«
»Nein, es hat ihm auch so geschmeckt!«

*

Die letzten Worte des Briefträgers: »Braves Hündchen ...«

*

Schnecke und Ziege wollen zum Rathaus. Als die Ziege ankommt, ist die Schnecke schon wieder draußen.
»Was, du warst schon dran?« fragt die Ziege erstaunt.
»Na klar«, erwidert die Schnecke. »Kriechen muß man können, nicht meckern!«

*

Das Auto überfährt einen Hund, der neben einem Mann auf der Landstraße trottet.
Der Autofahrer hält und zieht großzügig hundert Mark aus der Brieftasche. »Genügt das?«
»In Ordnung«, sagt der Fußgänger.
Das Auto fährt weiter. Nachdenklich blickt der Mann auf den toten Hund und murmelt vor sich hin: »Wem der wohl gehören mag?«

»Was da im Wagen noch bebt,
ist der Fahrlehrer.«

oder

Laßt doch mal die Frau ans Steuer

Zwei Kollegen unterhalten sich.
»Seit einiger Zeit bin ich schrecklich nervös«, sagt der eine.
»Läutet das Telefon, so fahre ich zusammen. Ich habe Angst, einen Brief zu öffnen, und ich erschrecke, wenn unerwartet Besuch kommt. Es ist fürchterlich!«
»Kenn' ich, kenn' ich«, meint der andere verständnisvoll. »Meine Frau hat auch gerade den Führerschein gemacht.«

*

Bärbel hatte ihre Fahrprüfung und kommt blaß nach Hause. Der Vater schaut sie fragend an.
»Ich habe einen Lastwagen gerammt«, sagt sie kleinlaut.
»Dann bist du also durchgefallen?«
»Weiß ich nicht, der Prüfer liegt im Krankenhaus.«

*

Eine Frau hat endlich den Führerschein gemacht. Nach der dreißigsten Fahrstunde hat sie es geschafft!
»Ich gebe Ihnen einen Rat«, sagt der Fahrlehrer zum Abschied. »Kaufen Sie sich nie einen Kleinwagen!«
»Warum nicht?« fragt sie verdutzt.
Gibt der Fahrlehrer zu bedenken: »Weil die Fußgänger da zurückschlagen können!«

*

Während der ersten Fahrstunde meint Frau Huber kritisch:
»Der kleine Spiegel dort oben ist falsch angebracht.«
»Wieso denn?« fragt der Fahrlehrer überrascht.
»Na ja, das einzige, was ich darin sehen kann, sind die Autos hinter uns.«

Nachdem die nicht mehr ganz junge Fahrschülerin dreimal nacheinander die Kupplung mit der Bremse verwechselt hat, reicht es sogar dem geduldigen Fahrlehrer – und die Lautstärke ist dementsprechend.
Das reicht aber auch ihr. »Wenn ich gewußt hätte, daß Sie mich so anschreien«, sagt sie empört, »hätte ich das Fahren auch bei meinem Mann lernen können!«

Es sagte die Fahrschülerin:

»Also, fassen wir noch einmal zusammen. Bei Rot halte ich an, bei Gelb kratze ich mit dem Getriebe, und bei Grün mache ich einen Satz nach vorn.«

»Heute werde ich dir mal die Grundbegriffe des Fahrens an der Verkehrsampel beibringen«, erklärt Lehmann seiner Frau. »Also, anfahren bei Grün, halten bei Rot, und …«
»… und wann muß ich das Gas wegnehmen?« fällt ihm seine Frau ins Wort.
Sagt Lehmann: »Das Gas mußt du wegnehmen, wenn ich weiß werde!«

*

Ganz schön rasant fährt die Fahrschülerin bei der Tankstelle vor.
»Motor abstellen!« sagt der Tankwart.
»Habe ich schon«, erklärt sie lässig. »Was da im Wagen noch bebt, ist der Fahrlehrer.«

»Welches Rad dreht sich in der Kurve am wenigsten?« fragt der Fahrlehrer die Schülerin.

Sie überlegt einen Augenblick und antwortet dann strahlend: »Ich glaube, das Reserverad, Herr Fahrlehrer.«

*

Die Ehefrau versucht zum zehnten Mal in eine Parklücke zu fahren. Ihr Mann steht neben der Parkuhr und weist sie immer wieder ein.

Schließlich ruft sie durchs Wagenfenster: »Wirf noch mal zwei Groschen ein – nächstes Mal schaff' ich es bestimmt!«

*

Autotour durch die Alpen. Sie hat ihren Ehemann am Steuer abgelöst und nimmt mit zusammengebissenen Zähnen eine der engen Kurven nach der anderen.

Als sie eben wieder mit kreischenden Reifen um einen Felsvorsprung gebogen ist, sieht sie vor sich einen umgestürzten Fernlastzug, aus dem bereits die ersten Flammen schlagen. Mit einer Vollbremsung bringt sie den Wagen gerade noch zum Stehen.

Der Ehemann fährt aus dem Schlaf hoch, sieht den umgestürzten, brennenden Lastzug und fragt entgeistert: »Wie in aller Welt hast du denn das nun wieder fertiggebracht?«

*

Frau Kindlein fährt mit ihrem Wagen die Straße entlang, als einige Arbeiter Telefonmasten besteigen.

»Idioten!« faucht sie. »So schlecht fahre ich nun auch wieder nicht.«

Der Fremde im Nachtclub der Kleinstadt starrt hingerissen eine hübsche Blondine an.

»Vorsicht!« warnt der Barmann. »Gefährlichste Puppe am Platz.«

»Wieso?«

»Hat heute den Führerschein gemacht.«

*

Es hat gekracht. Aber glücklicherweise nur Blechschaden.

»Das war ausschließlich meine Schuld!« stöhnt die junge Fahrerin.

»Aber ich bitte Sie«, sagt ihr Gegner, ein Kavalier am Steuer, »ich habe Sie doch auf fünfhundert Meter Entfernung schon kommen sehen, ich hätte also genug Zeit gehabt, hier über den Graben in die Wiese auszuweichen.«

Es tröstete der Prüfer:

»Danken Sie dem Himmel, Fräulein! Sie haben zwar die Führerscheinprüfung nicht bestanden, aber dafür Ihre Lebenserwartung ungemein erhöht!«

Das Fernsehen zeigt einen alten King-Kong-Film, und der Riesengorilla trommelt sich gerade unter fürchterlichem Geheul auf den Brustkasten.

»Du meine Güte«, sagt Elvira da plötzlich zu ihrer Freundin, »da fällt mir ein, ich muß noch den Kotflügel ausbeulen lassen, bevor Gerd von seiner Geschäftsreise zurück ist.«

Frau Kindlein hatte einen Verkehrsunfall und bespricht die Sache mit ihrem Anwalt.

»Ein sehr komplizierter Fall, gnädige Frau«, meint der. »Wenn ich Sie richtig verstanden habe, müssen wir beweisen, daß der Radfahrer, den Sie umgefahren haben, mit hundert über die Kreuzung raste, und daß die Katze, die von rechts über die Straße lief, so groß war, daß sie Ihnen völlig die Sicht nahm.«

Es donnerte der Ehemann:

»Das ist schon das fünfte Auto, das du schrottreif fährst!«
»Das vierte. An einem war schon vorher ein Kratzer!«

Tante Hermine hat mit ihrem Wagen den Kotflügel eines anderen Wagens demoliert.

»Das darf doch nicht wahr sein«, poltert der Fahrer des verbeulten Autos los, »haben Sie denn jemals eine Fahrprüfung gemacht?«

»Garantiert öfter als Sie!« entrüstet sich Tante Hermine.

*

Frau Huber kommt nach Hause, gibt ihrem Mann einen Kuß und sagt: »Liebling, ich glaube, mit dem rechten vorderen Kotflügel stimmt etwas nicht. Schau doch mal bitte nach – er liegt auf dem Rücksitz.«

Es ist mitten im Winter. Beim Halten vor einer Verkehrsampel bleibt einer jungen Frau der Motor stehen. Sie strapaziert den Starter, was sie kann, immer wieder – der Motor aber will nicht anspringen. Hinter ihr läßt ein ungeduldiger Mitbürger ohne Pause seine Hupe ertönen. Wütend steigt sie schließlich aus dem Wagen und geht nach hinten.

»Es tut mir schrecklich leid«, erklärt sie dem anderen, »aber ich bekomme den Motor nicht wieder in Gang. Wenn Sie nach vorne gehen und es versuchen wollen, würde ich hier solange auf Ihre Hupe drücken.«

*

Bei Meiers klingelt das Telefon.
»Hier ist die Autoreparaturwerkstätte«, sagt eine Stimme. »Ihre Frau hat eben Ihren Wagen zu uns gebracht, wir wollten mal fragen, wer …«
»Natürlich bezahle *ich* die Reparatur des Wagens«, sagt Meier, der die Qualitäten seiner Frau als Autofahrerin kennt.
»Nein«, sagt ungeduldig die Stimme am anderen Ende der Leitung, »das ist nicht die Frage. Die Frage ist: Wer bezahlt uns die Reparatur der Werkstatt und die Beerdigung des Meisters?«

*

Sie kommt zu Fuß nach Hause. Er ahnt schon Fürchterliches. »Wo ist unser neuer Wagen?«
»Du wirst es nicht glauben, aber da steht ein Baum fünfzig Jahre immer ruhig an seinem Platz, und plötzlich springt er mir genau vor den Kühler!«

Bei ihren ersten Fahrversuchen mit dem neuen Wagen bleibt Petra stehen. Besorgt ruft sie einen Mechaniker herbei.

Der schmunzelt. »Es ist nichts weiter, das Benzin ist alle.«

»Ach so«, meint sie erleichtert. »Und wenn ich vorsichtig weiterfahre – kann das dem Wagen schaden?«

*

Es hat gekracht. Der Fahrer des einen Wagens kurbelt sein Fenster herunter und schimpft fürchterlich. Die Dame am Steuer des anderen Wagens verzieht keine Miene.

Endlich hat sich der Kavalier beruhigt. Sie öffnet das Fenster, hält dem neben ihr sitzenden Kind die Ohren zu und zischt: »So. Und nun zu Ihnen ...«

**»Ich kann einfach nicht zu dritt
in einem Bett schlafen!«**

oder

**Der schönste Sprung
ist der Seitensprung**

Das verliebte Paar auf der Bank umarmt sich leidenschaftlich. Plötzlich bemerkt der Liebhaber einen Mann, der um die Bank herumschleicht und seiner Angebeteten dauernd irgendwelche Zeichen macht.

»Hauen Sie ab, Mann«, ruft er wütend.

»Entschuldigen Sie bitte«, sagt der Mann schüchtern, »aber meine Frau hat den Hausschlüssel …«

*

»Deine notorische Untreue beweist mir, daß du durch und durch schlecht bist!« schimpft die Ehefrau, als sie ihren Mann zum wiederholten Mal mit einer anderen erwischt.

»Irrtum!« korrigiert er lächelnd. »Es beweist, daß ich rundum gut bin.«

*

Der Ehemann kommt dahinter, daß seine Frau fremdgegangen ist. Er ist stocksauer. »Heißt das«, schimpft er, »daß du genug von mir hast?«

»Nein«, erwidert sie, »das heißt, daß ich nicht genug von dir habe!«

*

Möllmann erwischt seine Frau in flagranti. Er zieht die Pistole.

»Ihr habt mich jetzt lange genug zum Narren gehalten. Zuerst werde ich diesen Kerl, dann dich und dann mich erschießen. Noch ein letzter Wunsch?«

»Ja«, sagt seine Frau. »Wenn es schon sein muß, dann bitte in umgekehrter Reihenfolge!«

Die Ehefrau hat endgültig genug und geht zum Scheidungsanwalt.

»Ich habe ja nichts dagegen, daß er mich betrügt«, sagt sie, »aber ich kann einfach nicht zu dritt in einem Bett schlafen!«

*

Würbser kommt unerwartet nach Hause und findet seine Frau mit einem Fremden im Bett. Er holt seine Pistole aus der Schublade und will beide erschießen.

»Bloß nicht!« schreit seine Frau voller Entsetzen. »Was glaubst du denn, wer uns das Wochenendhaus gekauft hat und den Mercedes und meine Pelze?«

»Waren Sie das etwa?« fragt Würbser.

Der andere nickt.

»Dann decken Sie sich gefälligst zu, oder wollen Sie sich erkälten?«

*

Freimüller ahnt, daß seine Frau ihn betrügt, aber es fehlt ihm jeglicher Beweis. Also engagiert er einen Detektiv. Eine Woche später ist es soweit.

Freimüller steigt auf das Flachdach eines Hauses, wo sein Spürhund schon auf ihn wartet. Mit Ferngläsern schauen die beiden ins Schlafzimmer eines nahe gelegenen Bungalows, wo sich gerade ein eindeutiges Geschehen abspielt.

Freimüller wendet sich wütend ab. »Das reicht ja wohl für die Scheidung!«

Der Detektiv aber ist fasziniert. »Mann!« keucht er. »Warum wollen Sie sich denn scheiden lassen? Das Weib ist doch eine Wucht!«

Unverhofft kommt der Ehemann nach Hause und findet seine Ehefrau mit einem anderen im Bett. Er holt sofort seinen Revolver und brüllt: »Du Scheißkerl, ich schieß' dich über den Haufen!«

»Bitte nicht, Otto«, ruft seine Frau. »Gib ihm noch dreißig Sekunden!«

*

»Was macht ihr denn da?« brüllt der Ehemann erregt, als er seine Frau mit ihrem Geliebten im Bett erwischt.

»Was hab' ich dir gesagt«, meint die Ehefrau zu ihrem Liebhaber, »der hat wirklich keine Ahnung!«

*

Er ertappt seine Frau in flagranti. Sekunden schaut er den beiden zu, dann geht er wortlos zum Ehebett, schnappt sich seinen Konkurrenten, schleift ihn zum Fenster, öffnet es und wirft ihn aus dem zweiten Stock hinunter.

Die Frau schreit entsetzt auf. »Um Himmels willen, er wird sich den Hals brechen!«

»Wieso denn?« sagt er voller Wut. »Wer so vögeln kann, der muß auch fliegen können.«

*

Er kommt von einer Reise zurück und findet sie mit seinem besten Freund im Bett. Er zieht sich in die Bibliothek zurück und weint bitterlich. Da kommt seine Frau zu ihm, legt tröstend die Hand auf seine Schulter und sagt leise: »Liebling, sei nicht traurig. Denk doch mal, es hätte doch auch ein Fremder sein können!«

Als der Graf von einem Empfang spät nach Hause kommt, findet er seinen Diener mit einem Glas alten Kognaks und einer Zigarre gemütlich in einem Sessel sitzend vor.

»Es scheint Ihnen ja ausgezeichnet zu gehen«, meint der Graf sarkastisch, »warum nehmen Sie nicht auch gleich noch meine Frau auf den Schoß?«

»Daran hatte ich auch schon gedacht«, antwortet der Diener, »aber bei der ist schon der Chauffeur.«

Es sagte die Ehefrau:

»Ich verstehe nicht, warum mein Mann sich so aufregt, nur weil ich ihn betrüge. Ich setze ihm doch nur die Hörner wieder auf, die er sich vor der Ehe abgestoßen hat!«

»Dieses raffinierte schwarze Spitzenhöschen habe ich ja noch nie an dir gesehen!« argwöhnt der Ehemann.

»Das kannst du auch nicht«, erwidert sie honigsüß. »Ich habe es erst gestern im Auto unter deinem Sitz gefunden!«

*

Der Ehemann kommt nach Hause und entdeckt im Kleiderschrank einen fremden nackten Mann. Noch bevor er etwas sagen kann, gibt seine Frau mit unschuldigem Augenaufschlag zu bedenken: »Reg dich jetzt nicht auf, Erwin. Gestern im Theater hast du über die gleiche Szene Tränen gelacht.«

Die Ehefrau findet ihren Mann mit einer langhaarigen Blondine im Bett.

»Nur eine Anhalterin«, sagt der Ehemann. »Sie war hungrig, da hab' ich ihr was zu essen gemacht. Dann hab' ich ihre ausgelatschten Schuhe gesehen und ihr die Sandalen geschenkt, die du seit zwölf Jahren nicht getragen hast. Auch ihr zerrissenes T-Shirt haben wir gegen eine Bluse getauscht, die du nie anziehst, und als sie dann gehen wollte, hat sie mich gefragt, ob es noch irgend etwas gibt, was du nicht mehr brauchst …«

*

Kopfschüttelnd fragt der Anwalt: »Sie wollen sich von Ihrem Mann scheiden lassen? Hat er Sie denn betrogen?«

»Nein«, seufzt sie, »womit denn?«

*

Der Ehemann glaubt, daß seine Frau ihn betrügt, und engagiert einen Privatdetektiv. Nach einer Woche berichtet der Schnüffler: »Ihre Frau hat sich mit einem gutaussehenden Mann getroffen. Die beiden sind ins ›Excelsior‹ gegangen und haben ein Doppelzimmer genommen.«

»Konnten Sie sehen, was dann geschah?«

»Ich habe mich nebenan einquartiert und bin unter Lebensgefahr von meinem Balkon auf den Nachbarbalkon geklettert.«

»Und dann?«

»Dann haben sie das Licht ausgemacht, und ich konnte nichts mehr erkennen.«

»O Gott, o Gott«, stöhnt der Ehemann, »immer diese Ungewißheit.«

Die Frau eines Münchners, der vorgegeben hat, geschäftlich an den Starnberger See fahren zu müssen, wird von einer Freundin angerufen.

»Du, ich habe deinen Mann gestern in Starnberg am Seeufer mit einer reizenden Blondine am Arm gesehen.«

»Na und, was hast du denn am Arm eines Mannes in seinem Alter erwartet?« fragt die Ehefrau bissig. »Eimerchen und Schaufel?«

»Tut richtig gut,
mal nicht selbst fahren zu müssen.«

oder

Der Fußgänger, das unbekannte Wesen

Ein Autofahrer, der einen Fußgänger angefahren hat, zückt sein Notizbuch und sagt: »Bitte geben Sie mir Ihren Namen und Ihre Adresse, ich komme morgen bei Ihnen vorbei.«

»Ach, lassen Sie nur«, wehrt der Mann ab, »es ist mir ja nichts Ernsthaftes passiert.«

»Aber es hätte auch schlimm ausgehen können. Und darum möchte ich morgen doch mal mit Ihnen über den Abschluß einer Lebensversicherung reden.«

*

Möllmann hat mit seinem Auto um ein Haar einen Fußgänger gestreift.

Er hält an und brüllt: »Passen Sie beim nächsten Mal gefälligst auf!«

Der Fußgänger, ganz entsetzt: »Wieso, kommen Sie etwa noch mal vorbei?«

*

Und dann war da noch der Kleinstwagenfahrer, der zu dem Opa, den er eben angefahren hatte, sagte:

»Seien Sie froh, daß ich heute meinen freien Tag habe. Ich fahre sonst nämlich einen Omnibus!«

*

»Zugegeben, ich kniete mitten auf der Landstraße«, sagt der Angeklagte, »aber damit ist noch lange nicht bewiesen, daß ich betrunken war.«

»Nicht unbedingt«, räumt der Richter ein, »aber wie erklären Sie es sich, daß Sie auch noch den weißen Mittelstreifen aufrollen wollten?«

Ein Autofahrer hat einen Fußgänger angefahren und bittet ihn um Entschuldigung.

»Macht ü-überhaupt nichts«, lallt der, »lange hätte ich – hicks – mich sowieso nicht mehr auf den Beinen halten können!«

Es sagte der Fahrlehrer:

»Mit meinem Fahrschüler geht es vorwärts. Den Wagen beherrscht er zwar noch nicht, aber mit den Fußgängern schimpft er bereits wie ein routinierter Fahrer!«

Wolters sitzen am Frühstückstisch. Beide sind in ihre Zeitung vertieft.

Da sagt Frau Wolter: »Stell dir vor, hier steht, daß in der vergangenen Woche ein Fünfundachtzigjähriger den Führerschein gemacht hat.«

»Na, so was!« wundert sich ihr Mann. »Ich hätte nie gedacht, daß Fußgänger so alt werden können.«

*

Zwei Autofahrer treffen sich in der U-Bahn.

Sagt der eine: »Tut richtig gut, mal nicht selbst fahren zu müssen. Man spart Nerven und kann auch noch Zeitung lesen.«

»Ganz genau«, bestätigt der andere. »Übrigens, wann ist denn Ihre Gerichtsverhandlung?«

Mit meinem Fahrschüler
geht es vorwärts. Den Wagen
beherrscht er zwar noch nicht,
aber mit den Fußgängern
schimpft er bereits wie ein
routinierter
Fahrer!

Der Dorfbewohner will vom Taxifahrer wissen: »Wozu brauchen Sie denn diesen Stern auf dem Kühler?«
»Mit dem«, frotzelt der Fahrer, »ziele ich auf Fußgänger, die die Straße überqueren.«
Wenig später humpelt direkt vor dem Wagen ein alter Mann bei Rot über den Fußgängerweg. Der Fahrer weicht haarscharf aus, vernimmt aber plötzlich einen heftigen Schlag. Ruft der Fahrgast stolz vom Rücksitz: »Wenn ich nicht die Tür aufgemacht hätte, dann wäre uns der Opa glatt durch die Lappen gegangen.«

*

Verärgert meint der Autofahrer zu einem Fußgänger, der in den Himmel schaut und ihn zu einer Vollbremsung gezwungen hat:
»Wenn Sie nicht dorthin schauen, wo Sie gehen, werden Sie bald dort gehen, wohin Sie schauen!«

*

Hans-Peter repariert am Straßenrand seinen Kleinwagen. Kommt ein Passant vorbei und fragt:
»Kriegen Sie mit diesem tollen Gerät auch Radio Honolulu rein?«

*

Ein Autofahrer fährt einen Fußgänger über den Haufen.
»Sie haben mich doch erst gestern angefahren!« stöhnt der Fußgänger.
»Oh, ich bitte um Entschuldigung«, bedauert der Fahrer, »ich habe Sie nicht wiedererkannt …«

Der Richter hält dem Angeklagten ergrimmt vor: »Sie sind offenbar nicht geeignet, einen Wagen zu führen. Schließlich haben Sie innerhalb von vierzehn Tagen drei Fußgänger angefahren.«
Erkundigt sich der Autofahrer: »Wie viele darf man denn maximal?«

Es sagte der Chef:

»Nanu, Sie sind aber heute viel früher als sonst im Büro.«
»Stimmt. Mein Auto ist in der Werkstatt, da bin ich mal zu Fuß gegangen.«

Der Autofahrer hat einen Fußgänger angefahren und beugt sich über sein Opfer.
»Ausgerechnet heute muß mir das passieren, wo ich auf den Tag genau vor dreißig Jahren meinen Führerschein gemacht habe«, lamentiert er.
Der Verletzte schlägt die Augen auf und erkundigt sich: »Muß ich jetzt feiern?«

*

Der flotte Jochen bremst mit seinem auf Hochglanz polierten Sportwagen neben einem hübschen Mädchen.
»Schöne Frau, darf ich Ihnen meinen Wagen anbieten?«
»Nein danke«, erwidert die Schöne kühl. »Ich fahre besser, wenn ich gehe!«

Winninger kann Autos nicht ausstehen und hat immer wieder erklärt, er würde sich nie eines zulegen. Und doch kommt er eines Tages in einem niegelnagelneuen Wagen dahergefahren.

»Aha«, ruft ein Bekannter, »hast du dich endlich bekehren lassen?«

»Nein, eigentlich nicht«, gibt Winninger zurück, »ich habe es nur satt, immer derjenige zu sein, der angefahren wird.«

*

Das Taxi hält bei Rot. Als wieder Grün kommt, überquert noch eine alte Dame direkt vor dem Wagen die Straße. Natürlich fährt das Taxi nicht an, aber der Fahrer dahinter, der nur das Grün gesehen hat, hupt wütend.

Da steigt der Taxifahrer aus, deutet mit der Hand auf seinen Sitz und sagt zu dem anderen Fahrer im hinteren Wagen: »Steigen Sie doch ein, und fahren Sie die Frau übern Haufen. Ich bring's nicht fertig.«

*

Das Taxi quält sich durch die Innenstadt. Murrt der Fahrgast: »Können Sie nicht schneller fahren?«

Sagt der Fahrer pikiert: »Gehen Sie doch zu Fuß, wenn es Ihnen nicht paßt!«

»Ist ja schon gut«, besänftigt ihn der Gast, »so eilig habe ich es nun auch wieder nicht.«

**»Für April sind wir leider überbelegt –
ginge es vielleicht im Mai oder Juni?«**

oder

**Ohne Krankenschwestern wäre es
in der Klinik nur halb so schön**

Ein Mann, dessen Frau gerade Drillinge zur Welt gebracht hat, stürzt in den Raum, wo die Säuglinge liegen.
»Raus!« wird er von der Schwester angebrüllt. »Sie sind nicht steril!«
»Das müssen Sie ausgerechnet *mir* sagen«, antwortet der frischgebackene Vater stolz.

Es fragte der Arzt:

»Schwester, wo ist denn die Patientin von Zimmer einhundertacht geblieben?«
»Ach, die hat so hohes Fieber bekommen, da habe ich sie zu dem Herrn mit Schüttelfrost auf Zimmer einhundertzwölf gelegt.«

Die junge Krankenschwester wird in der Klinik eingewiesen. Die Oberschwester führt sie überall herum und zeigt schließlich auf eine Tür. »Hier beginnt die Gefahrenzone.«
»Aha«, meint die junge Schwester, »das ist sicher die Abteilung für ansteckende Krankheiten.«
»Nein, das ist die Männerabteilung!«

*

Anruf in der Entbindungsstation des Kreiskrankenhauses. Die Lernschwester blättert im Aufnahmekalender.
»Tut mir leid«, sagt sie schließlich in die Sprechmuschel, »für April sind wir leider überbelegt – ginge es vielleicht im Mai oder Juni?«

Pasler hat einen alten Freund im Krankenhaus besucht.
Bevor er geht, nimmt er die hübsche Krankenschwester
beiseite und fragt:
»Sagen Sie mir bitte die Wahrheit. Hat er schon irgendwelche Fortschritte gemacht?«
»Überhaupt keine«, erklärt die Schwester bestimmt. »Er ist
aber auch gar nicht mein Typ.«

Es sagte die Krankenschwester:

»Herr Doktor, der Simulant von Zimmer sechs ist
gestorben.«
»Na, na, jetzt übertreibt er aber wirklich ein
bißchen.«

Meier fragt im Krankenhaus: »Ich möchte gern Herrn Müller besuchen. Er wurde nach einem Autounfall hier eingeliefert.«
Die Schwester bedauert: »Da kommen Sie zu spät, Herr
Müller wurde gestern entlassen. Aber vielleicht schauen Sie
nächste Woche wieder mal bei uns nach.«

*

»Immer, wenn ich dem Patienten den Puls messe, erhöht
sich sein Pulsschlag um mindestens zehn Schläge, Herr
Doktor«, berichtet die attraktive Krankenschwester. »Soll
ich ihm dann jeweils ein Beruhigungsmittel geben?«
»Nein«, entscheidet der Arzt, »vorher eine Augenbinde!«

Herr Doktor, der Simulant von Zimmer sechs ist gestorben.
Na, Na, jetzt übertreibt er aber wirklich ein bißchen

Ein Boxer liegt im Operationssaal. Die Vorbereitungen sind in vollem Gange.

»Ist der Patient unter Narkose?« fragt der Chirurg die Schwester.

»Nein, immer noch nicht«, kommt die genervte Antwort.

»So ein Boxer ist ein harter Fall. Der zählt bis acht, und dann springt er wieder hoch …«

*

»Herr Doktor, es wird höchste Zeit, daß der Patient von Zimmer einhundertzweiunddreißig endlich operiert wird«, sagte die Stationsschwester.

»Weshalb denn?« will der Arzt wissen.

»Er ist schon fast wieder gesund.«

*

Wann immer eine hübsche Krankenschwester in der Nähe ist, langt der ältere Patient kräftig hin. Stinksauer wird er eines Morgens von einer Schwester angefahren: »Mit Ihren Manieren wären Sie im Puff wesentlich besser aufgehoben!«

»Mag sein«, meint der alte Knabe grinsend, »aber wenn ich so vergleiche, die Preise hier und die Preise dort …«

*

Der Patient hat über drei Stunden gewartet, bis man ihn endlich zur Operation abholt. Er fragt die Schwester: »Sie haben wohl heute viel Arbeit?«

»Das kann man wohl sagen«, stöhnt sie, »da oben herrscht Mord und Totschlag!«

Ein Mann liegt im Krankenhaus stöhnend in seinem Bett. Die anderen Patienten klingeln nach der Schwester. »Er wird noch sterben«, erklären sie ihr. »Kann man ihm denn nicht helfen?«

»Leider nicht«, sagt die Schwester. »Bei dem ist es nur noch eine Frage von Stunden ...«

»Warum bringen Sie ihn dann nicht ins Sterbezimmer?«

»Meine Herren«, sagt die Schwester verständnislos, »dies hier ist doch das Sterbezimmer!«

*

Der Patient erwacht aus der Narkose. Es ist stockfinster im Zimmer. Er klingelt nach der Schwester und fragt nach der Uhrzeit.

»Zwölf Uhr mittags«, verkündet die Schwester fröhlich.

»Weshalb ist dann alles verdunkelt?« will der Mann wissen.

»Ach«, meint die Schwester. »Das ist nur aus Rücksicht auf Sie geschehen. Auf der anderen Straßenseite wütet nämlich ein Brand, und der sieht aus wie das Höllenfeuer. Da haben wir die Rolläden heruntergelassen, damit Sie, wenn Sie aufwachen, nicht glauben, die Operation sei mißlungen.«

*

Nischwitz ist aus dem vierten Stock des Krankenhauses gefallen und liegt auf dem Steinboden des Innenhofes.

Eine Schwester stürzt zu ihm und sagt: »Hier, nehmen Sie, trinken Sie zuerst mal einen Schluck Wasser!«

Ächzt Nischwitz: »Aus dem wievielten Stockwerk muß man bei euch eigentlich fallen, um einen Schnaps zu kriegen?«

Humor in allen Lebenslagen

(2773)

(73052)

(2782)

(73044)

(73045)

(73043)